내가 비록 검으나 아름다우니

모든 인간은 하나님의 형상을 닮은 존엄한 존재입니다. 전 세계의 모든 사람들은 인종, 민족, 피부색, 문화, 언어에 관계없이 존귀합니다. 예영커뮤니케이션은 이러한 정신에 근거해 모든 인간이 존귀한 삶을 사는 데 필요한 지식과 문화를 예수 그리스도의 사랑으로 보급함으로써 우리가 속한 사회에 기여하고자 합니다.

## 내가 비록 검으나 아름다우니

초판 1쇄 찍은 날 · 2007년 10월 10일 | 초판 1쇄 펴낸 날 · 2007년 10월 17일

**지은이** · 최영희 | **펴낸이** · 김승태

**편집** · 방현주, 이덕희 | **디자인** · 정혜정, 이훈혜, 이은희
**영업** · 변미영, 장완철 | **물류** · 조용환, 엄인휘

**등록번호** · 제2-1349호(1992. 3. 31.) | **펴낸 곳** · 예영커뮤니케이션
**주소** · (110-616) 서울 광화문우체국 사서함 1661호 | **홈페이지** www.jeyoung.com
**출판사업부** · T. (02)766-8931  F. (02)766-8934  e-mail: jeyoungedit@chol.com
**출판유통사업부** · T. (02)766-7912  F. (02)766-8934  e-mail: jeyoung@chol.com
**제작 예영 B&P** · T. (02)2249-2506~7  F. (02)2249-2580 e-mail:yeyoungbnp@hanmail.net
**인쇄 삼덕정판** · T. (02)465-4598

copyright©2007, 최영희

ISBN 978-89-8350-447-0 (03230)

## 값 8,000원

- 잘못 만들어진 책은 교환해 드립니다.
- 본 저작물은 저작권법에 의하여 한국 내에서 보호를 받는 저작물이므로 무단 전제와 무단 복제를 금합니다.

# 내가 비록 검으나 아름다우니

최영희 지음

## 최영희 권사님의
### 시집을 읽고

많은 사람들이 계절이 바뀔 때마다
비발디의 '사계' 인 것 같습니다.
인생을 사계로 표현해 보면 아직 잔설의 냉기가 남아있는
쌀쌀한 어린 시절의 봄날에서부터 시작해서
물이 한창 오르는 화사한 분홍빛의 청소년기가 있습니다.
이때에는 미래를 생각하면서 가슴 두근거리기도 하고
아직 철모르는 시절 친구들과 밤늦게까지
꿈을 재잘거리면서 보냅니다.

그리고 결혼을 하면서 아이들을 키울 때는 여름입니다.
먹구름이 밀려올 때도 있고 폭우가 쏟아지기도 하고
찌는 듯한 더위가 계속되기도 합니다.
아이를 키우면서 혹은 시어른을 모시면서
때로는 생활고로 많은 마음고생을 할 때이기도 합니다.
그러다가 어느새 오십대의 가을이 되었을 때
눈이 부실 정도로 아름다운 하늘을 바라보면 황홀하기도 하지만
어느새 노년의 겨울이 올 것이 두려워지기도 합니다.
이때 우리는 미친 듯이 자신의 삶을 돌아보게 되고
과연 내 가슴에 남아 있는 인생의 열매가 무엇인지 찾게 됩니다.
최영희 권사님의 시에는

자신의 삶 전체가 다 들어있습니다.
한 사람이 자신의 삶을
신앙적인 시로 녹여서 표현할 수 있다는 것은
참으로 아름다운 일입니다.

그러나 이 시에는
난해한 사상이 있는 것도 아니고
화려한 언어의 유희가 있는 것도 아닙니다.
단지 하나님 앞에서 자신이 느끼고 생각한 것을
굵은 선으로, 있는 그대로 나타내고 있는 것을 보게 됩니다.

누구에게 아첨하기 위한 것도 아니고
다른 사람에게 잘 보이기 위한 것도 아니고
오직 자기 안에 있는
은혜의 샘물에서 퍼 올린 감격을
조용하게 흘려보내고 있는 것입니다.

최영희 권사님의 시는
교회 중심적인 것이 특징입니다.
교회의 크고 작은 일들이
나의 기쁨이었고 나의 잔치였으며 축복이었습니다.
다른 사람들처럼 이루지 못한 사랑을 가지고
몸부림을 치는 것도 아니고
멋도 모르면서 구도자의 고민을 흉내 내지도 않습니다.
고등부의 행사와 예배당 헌당,

그리고 꽃꽂이 봉사 등에서도 얼마든지
하나님의 사랑과 감격을 찾을 수가 있었습니다.
특히 어떤 한 주제를 가지고
아주 깊이 있게, 줄기차게 시를 퍼 올릴 수 있었던 것은
얼마나 그의 사고가 깊이 있고 힘이 있는지 알게 됩니다.

최영희 권사님의 마음속에는
하나님의 은혜의 샘이 있고 또 감동의 용광로가 있습니다.
거기서 흘러나온 이 아름다운 자신의 삶과 느낌들은
하나님 앞에서 언제나 향기로운 제사요,
영원히 빛나는 보석으로 남을 것입니다.

대구동부교회 김서택 목사

# 서문

나는 문학이 어떤 것인지 문학에 대한 깊이도 지식도 없으며
글을 어떻게 써야하는지 잘 모릅니다.
글을 쓸 만큼 성숙하지도 못한 사람이며
고상한 인격의 소유자도 아닙니다.
허물과 실수가 많은 부족한 사람이기에
무엇을 깊이 사고하며 마음의 감정을 글로 표현하는 것이
어쩌면 주제 넘는 것은 아닌지 때로는 망설여지기도 했습니다.
하지만 글을 쓰기 위한 글이 아님을 강조하고 싶은 마음은
부인할 수가 없습니다.
오로지 창조주 여호와
구속자 되신 나의 주님을 인격적인 만남의 체험으로
성령의 놀라운 감동과 감사에 대한 표현입니다.
나를 향하신 주님의 깊고 넓은 그 큰 사랑의 화답으로 드려진
내 영혼의 간절한 기도이며
살아온 신앙생활의 여정 가운데
나의 생명과 소망과 나의 모든 것 되시는
주님 향한 진실 된 믿음의 고백입니다.

나를 낮추기도 하시고 높이기도 하시는 주님,
성시의 고백대로 실천하며 살도록 훈련시킬 때는

견딜 수 없는 고통으로 아파 많이 울기도 했으나,
위선이 없도록 늘 긴장했으며,
시험과 연단을 통해 나를 다듬어가는 과정인 줄 깨달으면서도
성화의 과정이 힘들어 때로는 감동을 외면할 때도 있었으나,
그때마다 이길 수 있는 새 힘을 공급 받을 때는
한없이 기뻐하며 자존감을 회복하기도 했습니다.
주의 은혜와 감동은 무한하지만
그것을 실천하며 살아가기에는 많은 시간이 필요했습니다.
한달 또는 몇 년간 훈련받기도 했지만
그러나 내 은혜가 네게 족하다는 감동은
위로와 감시로 나타나 말할 수 없는 기쁨과 존귀함으로
나를 나 되게 세우셨습니다.
언젠가 성시의 고백대로 그 자리에 서 있을 나를 소망하며
성령의 감동과 감사로 주의 은혜 안에 오늘을 살면서
나의 나 된 것은 주의 은혜임을 깨닫고
주께서 나를 도구로 사용하셨음을 고백하며
주님께 모든 영광을 돌려드립니다.


2006년 6월

# 목차

추천서 5
서문 8

경이로움 15
군양의 밤 성시 1 17
사랑하는 주님 20
삼위일체 하나님 22
삼위일체 후기 23
군양의 밤 성시 2 25
다윗의 회개처럼 28
찾아오신 사랑 31
징그슷 32
징그슷 후기 34
이 가을에는 35
소망 I 40
평생을 울어도 41
비둘기 성경 44
유구무언 46
무력함을 깨달으며 49
소망 II 51
재활원을 찾아서 52
사랑의 음성 56
잔잔한 감동 57
성찬 I 59
주의 공의로움 61
나를 찾게 하소서 64
「나를 찾게 하소서」를 회상하면서 67
사랑의 계명 69
심령이 가난한 자 71

만추의 들녘에서 73
주의 임재 76
나의 나 된 것은 77
사랑의 대가(代價) 79
피로 값 주고 사신 이 집은 82
그냥 은혜입니다 87
신록의 계절에 89
병상 일기 92
영혼의 소리 106
희년의 묵상 108
작은 옹달샘 111
10cm의 은혜 112
사랑하는 아들아 1 114
신실한 크리스천 120
눈물의 의미 123
성화 124
나 오늘 125
부르심의 하나님 128
성찬 2 133
겟세마네의 기도 134
강단 꽃 장식 136
성찬 3 141
사랑하는 아들아 2 144
겸손할 수 있다면 146
사랑하는 예원아 148

서평 151
책을 내면서 157

## 경이로움

눈으로 확인할 수 없고
말로 표현할 수 없으나
심령 깊은 곳에서 분명히
하나님을 나의 아버지로 만난
신비스런 감동은
가슴에 살이 역사하는 기적입니다

창조주 여호와를
아바 아버지로 부를 수 있는
주님과 하나 되는 체험은
표현할 수 없는 감동과 감격으로
내 속사람을 새롭게 변화되게 하는
성령 세례의 체험입니다

나를 찾아 오사 만나 주신
인격적인 주님 만난 신비는
신유보다 예언보다 지혜보다
그 어떤 은사와 능력보다 귀한
신비스런 경이로움입니다.

생명책에 이름이 새겨지는
구원의 확신은
천국을 유업 받는 축복으로
위로와 평강과 기쁨으로
은혜의 시은소로 나아가는
성령의 인 치심입니다

주님은 나의 생명 나의 전부
그 사랑 그 은혜 감당하기엔
내 심장이 너무 작아서
안타까움과 신비로 교차됩니다
그 사랑 그 은혜 늘 반추하며
내 영혼 주님만 바라보렵니다

1980년

## 군양의 밤 성시 1

군양 축전을 열면서 저희들 양의 무리들은
목자를 향하여 소리를 높입니다
"홀로 지극히 높으신 주님,
찬양과 영광과 존귀를 받으소서." 라고 말입니다

우리의 재능과 지혜로는 한없이 부족함을 느끼므로
비록 어설픈 마음들이지만
성령의 뜨거운 열정으로 승화시켜
뜨겁게 뜨겁게 모든 행사를 이루게 하소서

오직 사랑과 믿음으로 저희들은
뜨거운 마음들을 모았습니다
인간의 지혜로는 한계를 초월할 수가 없기에
부족한 정성을 염려하며 기도의 두 손을 모았습니다

저희들의 생각과 재능으로는
주어진 시간이 많이 부족했고
불가능한 일들이 많이 있었으나
주님으로부터 부여된 달란트를 감당하기 위해
우리들은 망설일 수만은 없었습니다

부족하고 아쉬운 마음들을
주님의 사랑과 긍휼로 채워 주시리라 믿기에
진실로 군양들은 마음 든든했습니다

해를 거듭하면서 군양의 밤은
찬양으로 연륜을 쌓아 왔으며
이제 찬양과 시화전으로 다채롭게 발전한 군양의 밤으로
주님께 영광을 돌립니다

아벨의 제단처럼 갈멜산의 불의 응답처럼
주님 기뻐 흠향하시는 산 제사가 되기를 소원합니다
하늘 보좌를 향해 드리는 이 잔치가
이토록 소중하리라고는 미처 깨닫지 못했습니다
우리의 귀한 것 다 드려도 그 사랑 갚지 못할진데
어찌 저희들에게 주신 재능과 솜씨를 소홀히 하며
우리의 소중함과 정성을
애씀 없이 인색하게 드리겠습니까

이 군양 축전으로 하여
야곱 같은 우리들이 이스라엘로 변하며
탕자가 회개하여 아버지 품으로 돌아오며
예수 그리스도를 영접하지 못한 영혼들이
한사람 한사람
주님의 사랑의 품으로 돌아오는
귀한 은혜의 자리가 되도록 손 모아 기도하는 마음으로

이제 저희 군양들은 외칩니다
영원토록 영원토록
오직 여호와께만 찬양과 영광과 존귀를 돌려드립니다

1980년 11월 23일

* 성시낭독 : 남경희
* 군양(群羊): 대구동부교회 고등부를 칭함

## 사랑하는 주님

태초에 유연한 손길로 나를
하나님의 형상대로 빚으시고 기뻐하신
창조주 여호와시여
나의 주인이신 주님의 이름을 찬양 드리며
이 글을 보좌를 향해 드립니다

제 마음 깊은 곳엔
주님을 사모하는 뜨거운 열정이 있습니다.
주님을 위해 온 마음과 온 정성을 드리고 싶은
진실한 마음이 있습니다
나의 모든 어두운 것을 빛으로 환원시키는
그 십자가를 사랑하며 자랑하며 내 삶의 끝날까지
주님만을 의지하며 살기를 소원하는 간절한 마음이 있습니다

선한 것과 진실한 것
영원한 진리에 대한 것으로부터 멀어지는 현실 속에서도
진실한 믿음을 가지고 이 현실을 이기고 싶습니다
비록 겨자씨만한 믿음일지라도
그 속에는 무한한 가능성을 내포하고 있으며
실로 값진 썩지 아니할 씨로 살아 역사하는

믿음으로 인도하는 생명임을 믿습니다
하지만 저는 현실에 물들어 있으며 겸손하지 못하고 교만하며
진실하지 않으며 거짓 또한 많았습니다

성령의 생각보다 내 생각과 내 뜻대로 판단하며 세상과 타협하며
주님을 멀리 할 때 또한 많았습니다
남을 칭찬하는 일에는 인색하고
남을 판단하는 일에는 관대했습니다
이 같은 죄인이 주님 앞에 무릎을 꿇습니다
사슴이 시냇물을 찾기에 갈급함 같이
내 영혼이 주를 찾기에 갈급하나이다
나의 완악하고 교만한 마음을
사랑의 십자가의 용광로 안에서 녹여 주소서
이제는 강하고 담대한 믿음으로 죄와 타협하지 않게 하시며
십자가의 고난에 동참하는 성숙한 믿음으로
부활의 영광에 참예하는 믿음의 사람이 되게 하소서

언제나 성령의 감동 안에서
주님의 세미한 음성을 들으며 하나님의 뜻을 분별하는
신실한 성도의 삶을 살 수 있도록 인도하여 주소서
연약하고 부족함 밖에 없는 자가
주님을 사랑하는 마음으로 이 글을 보좌를 향해 올립니다
주님 더 가까이 가는 성숙한 믿음을 주소서

1981년 8월

## 삼위일체 하나님

영원에서 영원까지
알파와 오메가 되시며
스스로 계시는 여호와
전지전능의 하나님
빛의 본체시며 생명의 근원이신
창조주 성부 하나님

인자로 이 땅에 오사
대속의 십자가로
부활의 첫 열매로 사랑과 소망을 주신
예수 그리스도 왕 중의 왕
메시야 성자 하나님

하늘 문 여시어
빛으로 임하신 비둘기 성령
지혜와 위로와 감동의 보혜사
성화로 이끄시며 견인하시는
진리의 영 성령 하나님

1982년 10월

## 삼위일체 후기

주의 위대하심과 거룩함과 존귀함의
삼위일체의 하나님 여호와의 이름을
무례하게 외람 되게 표현한 것은 아닌지
주의 영적 권위 앞에 나의 부족한 한계성을 깨달으며
감히 두렵고 떨림으로
삼위일체의 하나님을 심령 깊이 고백 드립니다
존귀하신 이름의 능력이 내 심령에 각인될 때
은혜의 성령으로 전해오는 뜨거운 감동은
찬양과 감사로 주께 기도의 무릎을 꿇게 합니다

나를 눈동자같이 사랑하시고
날마다 새롭게 성화의 길로 이끄시며 지키시는
나의 창조주 나의 구속자 아바 아버지
지금도 나를 감동케 하시는
성령 하나님의 은혜로 위로를 받습니다
하늘 영광 버리시고 이 땅에 십자가의 사랑으로 찾아오사
사랑을 완성하신 예수 그리스도
나의 아버지 되시는 삼위일체 하나님께
감사와 찬양과 모든 영광을 돌려 드립니다
나의 빛이시고 반석이시며

나의 생명이시며 소망이신
나의 모든 것 되시는
나의 전부이신 주님
주님을 사모하는 뜨거운 열정이
심령 깊은 곳에서 소용돌이칩니다

## 군양의 밤 성시 2

할렐루야
여기 어린양의 찬양이 있습니다
어지신 목자를 향하여
영혼 깊은 곳에서
성령의 감동으로 부르는
감격의 찬양이 있습니다

해 돋는 데서부터
해 지는 데까지
영원토록 찬양을 받으실
우리 주님을 향하여
저희들의 작은 입술을 열어
크게 기뻐하며 찬양 드리는
이 밤 이 자리에
성령 충만으로 임하소서

얍복 강가에서
야곱이 하나님을 만나
이스라엘로 변한 것 같이
바울과 실라가 옥중에서

기도하며 찬미 부를 때
굳게 닫혔던 옥문이 열린 것처럼
이 밤 찬양으로 인하여
우리들의 굳게 닫힌 마음의 문이 열리고
주님의 세미한 음성을 듣는
이 밤이게 하소서

금년에도 저들에게 군양의 밤을 드리게 하시는
은혜에 감사드리며 저희 양의 무리들은
주님의 거룩하신 능력과 공의와 사랑에 힘입어
주님의 성호를 찬양 드립니다

잎만 무성한 나무가
주님의 책망을 받은 것처럼
저희들의 찬양이 열매 없는
찬양이 되지 않기를 소망합니다
이 찬양이 하늘 보좌를 울리고
천사들도 화답하는
찬양이 되게 하소서

"나팔소리로 찬양할찌어다
소고치고 춤추어 찬양하며
현악과 퉁소로 찬양할찌어다
큰 소리 나는 제금으로 찬양하며
높은 소리 나는 제금으로 찬양할찌어다"

저희들의 찬양이
다윗의 시처럼 감격 있는
뜨거운 찬양이기를 소원합니다
해지는 저편 새 하늘에서
주님 뵈옵는 그 날까지
군양들의 찬양이
끊어지지 않게 하시며
찬양하는 자들의 입술이
복되게 하소서

이 밤을 통하여
주님과 내가 만나는
귀한 시간들이 되기를 소망하며
모든 영광과 찬양과 존귀를
창조주 여호와께 돌립니다.
할렐루야 아멘

1981년 11월 29일

\* 성시낭독 : 김경숙

## 다윗의 회개처럼

여기 어지신 목자를 향하여 어린 양들의 무리들이 부르짖는
간절한 기도의 소리가 한밤을 울립니다
진노 중에도 긍휼 베푸시기를 원하시는 주님
이 밤 우리들을 용납하시고 긍휼을 베풀어 주소서

루디아의 마음의 문을 성령으로 열어 주신 주님
우리들의 굳게 닫힌 마음의 문을
주의 성령의 은혜로 열어 주시고
주의 흘리신 보혈의 능력으로 정결케 하사
천국의 보화를 가득 담아 넘치도록
깨끗한 마음의 그릇을 준비케 하사
하늘의 신령한 은혜를 체험하는 이 밤 되게 하소서

입으로만 아멘 아멘 하던 형식적인 고백에서
심령 깊은 곳에서 아멘 하는 믿음의 고백이 되게 하시며
이 깊은 밤에 주님의 세미한 음성을 듣게 하시어
생명 되신 주님을 이 밤 이곳에서 만나게 하소서

"너희가 무엇 하러 광야로 나갔더냐"고 물으셨던 주님
너 하나님의 사람아 무엇 하러 이곳에 왔느냐

지금 저희들에게 묻고 계십니다
주여,
일심으로 주님을 간절히 찾는 이 밤에
우리들의 심령이 깨어지고 녹아지게 하사
새롭게 하시고 성령께서 친히 임하사 역사하여 주소서

지금 불꽃이 유난히 밝고 뜨겁게 타오르고 있습니다
이 불꽃 속에서도 우리들의 죄는 사람의 눈은 가릴 수 있지만
머리털까지도 세신바 되시며 우리의 앉고 일어섬을 아시며
우리의 속마음을 감찰하시는 하나님은 우리 속에 있는
죄와 허물을 밝히 알고 헤아리심을 믿습니다

위선과 교만, 시기와 질투, 비방과 거짓, 오만과 불평,
불순종과 형식뿐인 심령깊이 도사린 우리 본성의 모든 죄
자복하는 마음으로 하나님과 자신만이 아는 죄들을
글로 낱낱이 적어
이 타는 불꽃에 던져 태웁니다

골고다 산상의 십자가의 흘리신 보혈로
우리들의 죄악들을 사하여 주시고
우리들의 죄를 도말하여 주시며
우리들의 죄과를 용서하여 주소서

다윗의 회개처럼
회개의 뜨거운 눈물을 쏟게 하시고

애통하며 상한 심령으로 진심으로 회개할 때
십자가의 보혈로 용서하시고 사죄의 은총을 허락하시며
주의 긍휼하심과 인자로 위로하여 주소서
오 주님, 우리의 모습 이대로 주님께 드립니다
자신의 아집을 버리게 하시고 욕망을 버리게 하시며
새롭게 변화되어 주님의 뜻 따르는 귀한 심령들이 되게 하소서
주님 견고히 모시고 사는 주님의 자녀로 인 쳐 주시고
겸손히 순종하는 믿음의 사람으로 인도하소서

이제 하늘을 우러러 여호와의 영광을 바라봅니다
날마다 저 높은 곳을 향하여 주님 더 가까이 가게 하시며
이 밤 회개의 영을 허락하사 성령의 은혜를 체험하게 하소서
우리의 공로 없이 빈손 들고
주의 십자가 붙들게 하신 은혜에 감사와 영광을 돌리며
뜨거운 회개의 눈물을
주님 보좌를 향해 올려드립니다

1982년 8월 28일 자정<br>고등부 여름수련회 캠프 파이어 성시

## 찾아오신 사랑

주께서 사랑으로 찾아오시어
내가 너를 사랑하노라 하시며
내 심령을 두드릴 때
교만과 강퍅으로 닫힌 마음의 문이
주의 사랑으로 열립니다

내가 너의 죄를 위해
십자가의 보혈을 흘렸노라 하실 때
사죄의 은총은 자유와 평강으로
구원의 기쁨을 누리며
주의 사랑을 체험합니다

내가 너를 자녀 삼았노라
내 것이라 지명하여 부르실 때
성령의 인 치심은
천국을 유업 받으며
풍성한 성도의 삶을 누립니다

1983년

## 질그릇

흙으로 빚은 오묘한 질그릇
유연한 손놀림으로
나를 나 되게 빚으시고 기뻐하신
창조주의 형상
금그릇 은그릇 아니라
비록 질그릇 같을지라도
귀히 쓰임 받는 깨끗한 그릇 되라 하셨네

저 영광의 곳으로 향해
순례의 길 걸어갈 때
고난의 풀무불 연단과 시험으로
깨어진 상처로 아픔 있다 하여도
어루만져 주시는 아버지의 사랑의 손길로
질그릇에 깊이 감추인 아름다운 보석은
더욱 빛을 발하리라 찬란한 빛을

불꽃같은 공의와 위엄 있지만
아버지의 충만한 사랑으로
주님 형상 회복하기 위해서
십자가의 보혈로 날마다 정결케 씻은

성화된 깨끗한 질그릇은
정금같이 보배로운 견고한 믿음으로
주님 오실 때까지 영원 영원하리라

  "우리가 이 보배를 질그릇에 가졌으니
  이는 능력의 심히 큰 것이 하나님께 있고
  우리에게 있지 아니함을 알게 하려 함이라" (고린도후서 4:7)

  "나의 가는 길을 오직 그가 아시나니
  그가 나를 단련하신 후에는
  내가 정금같이 나오리라" (욥기 23:10)

            1984년

## 질그릇 후기

나의 참된 보화는 예수 그리스도
나의 참된 보석은 예수 그리스도를 모신 믿음이라

어렵고 힘든 시험으로 괴로워하며
자신을 돌아보는 회개의 기도 중에
질그릇 같은 나를 발견하고
교만한 마음을 낮추며 고백한 성시이다
하늘 영광 버리시고 이 땅에 인간의 모습으로 오사
십자가의 사랑으로 나를 용납하신 그 사랑을 감사드린다
보잘것없고 연약한 질그릇 같은 나에게
주의 사랑을 확인시켜 주시며
깨끗한 질그릇 속에 영원히 변하지 않는
가장 귀한 보화를 담게 하신
그 은혜 무엇으로 보답하며 감사할꼬
아직도 다듬어가야 하는 과정 속에 있지만
저 영광의 곳 주님 뵈옵는 그날까지
아름다운 투명한 보석이 되고 싶다

## 이 가을에는

높은 구름사이로 유난히 파아란 하늘을 바라보노라면
아! 가을인가 싶더니
사색할 수 있는 낭만 속에 감정이 살아나며
불현듯 글을 쓰고 싶은 마음이 움직이며
지난여름의 아픈 기억이 되살아납니다
유난히도 무더웠던 여름을 기억하며
주님과의 관계를 재정립해 보며 마음의 소리를 표현해 봅니다

작열하는 태양열에 온몸의 진액이 다 빠져 나간 것처럼
영적 침체의 아픔이 있었습니다
영혼의 무력함과 곤비함은 어떤 불치병으로 인한
죽음의 선고만큼이나 무서운 고통 같았습니다
영혼이 상한 감정의 황폐함과 영적 고독의 아픔은
세상의 어떤 좋은 것으로도
위로 받을 수 있는 것이 아니었습니다
영과 육을 소멸시키는 무서운 형벌 같았습니다
주님을 향한 기도가 되어지지 않는 공허함이란
심장을 멎게 하는 아픈 고통이었습니다

강퍅함과 완악함으로 울어지지 않는 고통은

견딜 수 없는 영혼의 깊은 상처로 남습니다
차라리 넋두리와 하소연으로
세상적인 눈물이라도 흘리며 통곡할 수만 있다면
무겁고 답답함이 조금은 사라질 수 있을 텐데
울어지지 않는 고통이 이렇게 가슴을 짓누르는 것이라고는
예견치 못한 사실이었습니다
무엇 때문일까 조심스럽게 마음을 읽어봅니다
그것은 주님 앞에 마음이 닫힌 영혼의 공허함이었습니다

주님을 너무 멀리 떠나 있은 연고로 세상적인 조건에
마음이 흔들렸으며 무엇이 중요한가를 망각한 체
무의미하게 시간을 잃었습니다
주님을 너무 멀리서 바라본 까닭에 나약해진 믿음으로
힘들고 어려운 환경을 견디지 못했던 결과였습니다

이제 성령의 도우심으로 조심스레 주님을 불러봅니다
나직히… 주님이라고 부를 때 나의 병든 영혼의 깊은 곳에서
주님을 가까이서 바라볼 수 있는 성령의 감동으로
무겁고 답답한 자신의 마음을 내려놓게 합니다
겨우 한발 내딛었는데 주님은 한걸음에 달려오셨습니다
강권적인 주의 은혜와 사랑으로 마음의 문이 열리며
가슴 뭉클하게 뜨거운 눈물이 영혼 깊은 곳에서 흘러내립니다
아바 아버지, 나의 아버지
주의 사랑에 감격하여 뜨거운 눈물을 쏟으며
간절히 아버지를 수없이 부릅니다

그렇게 가슴 답답하고 고통스러운 공허한 마음이
한 순간에 사라지며
상한 심령이 시원함과 평안함을 얻습니다
울어지는 그 뜨거운 눈물이 아버지라고 부르는 것만으로도
그 순간 내 심장을 따뜻하게 녹이며
병든 영혼을 치료받게 합니다

주의 사랑안에 감격과 감사로 울 수 있는 은혜가
이렇게 모든 것을 회복시켜 주는 것인 줄 어찌 알았으리요
영적 침체의 괴로움으로 울 수 없는 고통을 경험하지 않고는
눈물이 은혜임을, 소중한 축복임을 어이 깨달을 수 있었으리요
눈물의 샘이 터진 것처럼 울어질 때
주께서 찾아오사 영혼을 어루만지며 위로하시며
감정을 회복시켜 주시니 죽었던 영혼이
주의 은혜와 감격으로 소생함을 얻어 살아납니다

울 수 있는 뜨거운 눈물이 이토록 병든 영혼을
치료하며 회복시킬 줄은 예전엔 몰랐으며
울어 버릴 수 없는 고통이 그렇게
아픔이 되는 것인 줄 이제야 깨닫습니다

진실로 울 수 있는 뜨거운 눈물은
주께서 친히 성령으로 내 영혼의 깊은 내면에 찾아오사
내 영혼을 어루만지며 다스릴 때이며 맑고 순수한 영혼으로
마음을 낮추며 주님을 향하여 심령이 열려있을 때입니다

주님을 인격적으로 만났을 때 흘리는 뜨거운 눈물의 기도는
침체 되었던 감정을 치료하시며
아바, 아버지라 부를 수 있는 기쁨과 감사로
성령의 뜨거운 감동을 체험하게 합니다
심령 깊은 곳에서 흘릴 수 있는 감격의 뜨거운 눈물은
세상적인 눈물이 아님을 터득하며
눈물의 또 다른 의미와 가치를 깨닫습니다

주님 안에서 흘릴 수 있는 눈물의 축복은 상한 감정을 치료하며
영혼을 소생시켜 주는 은혜의 선물이며
무엇과도 비교할 수 없는 아름다운 보배로
의와 평강과 희락의 천국을 체험하는 그 자체입니다
자유와 평강, 회복과 위로, 감동과 기쁨
주님은 상하고 통회하는 심령에 거하신다는 말씀의 깊은 뜻을
주의 은혜로 체험하며
눈물의 기도와 함께 위대한 주의 사랑을 심령 깊이 깨닫습니다

그래서 이 가을은 주님을 부르는 음성이
더 뜨겁고 더 간절해지는 지도 모릅니다
어떤 환경에서라도 주님 한 분으로 만족하며
주님 가까이 더 가까이 가겠습니다
이 가을에
뜨거운 눈물의 귀한 보석을 찾게 하신
주님 감사합니다 감사합니다

"그러할지라도 내가 오히려 위로를 받고
무정한 고통 가운데서도 기뻐할 것은
내가 거룩하신 이의 말씀을 거역하지 아니하였음이라"
"중심에 회상한즉 오히려 소망이 있사옴은
여호와의 자비와 긍휼이 무궁하심으로
우리가 진멸되지 아니 함이니이다.
이것이 아침마다 새로우니 주의 성실이 크도소이다"

욥의 인내와 애가의 말씀을 묵상하며 평강 안에
이 찬양을 영혼 깊이 부르며 사랑을 고백합니다
이제는 주님 떠나 살 수 없어요
이제는 주님 없이는 못 살아요. 진실로 진실로

> "내 주님 없인 난 못 살아 내 주님 없인 난 안돼
> 닻 없는 배처럼 흔들려 주님 없인 난 못 살아
> 예수 오 예수
> 당신은 아는가 우리들의 주를
> 오 예수 오 예수
> 내 주님 없인 난 못 살아"

주께서 저희를 눈물양식으로 먹이시며
다량의 눈물을 마시게 하셨나이다. (시편 80:50)

1984년 10월

## 소망 Ⅰ

제가 바라고 원하는 것은
작은 소망에서 이루어지는
순수하고 소박한
마음이 가난한 행복입니다

제가 바라고 원하는 것은
온유함과 겸손함으로
주님을 깊이 묵상하며
주님을 닮아가는 것입니다

제가 바라고 원하는 것은
하늘에서 내리는 신령한 은혜로
성령의 열매를 맺으며
빛으로 소금으로 살아가는 것입니다

1984년

## 평생을 울어도

"예수 부활 하셨다
그의 말씀하시던 대로 살아나셨느니라"

위대하고 장엄한 환희의 부활
온 누리에 영광 영광입니다
부활의 날에 웅장하게 울러 퍼지는
헨델의 메시아를 들으며
내 영혼이 감격에 떨며 감히
부활의 주님을 우러러 바라나이다

부활은 역사적 사건으로
비진리에 대한 언약된 말씀 선포이며
사망의 정복이며 멸망에서 구원으로
마귀의 권세를 깨뜨리신
창조주의 완전한 승리입니다

불의에 대한 의의 완성으로
자유와 평강과 새롭게 되는 변화로
새 소망을 허락하시는
신령한 은혜의 새로운 시작입니다

자유와 평화, 공평과 정의
용서와 사랑, 구원과 생명
죽음의 권세를 이기신
부활의 첫 열매이며 영광입니다

"예수 부활하셨다
그가 말씀하시던 대로 살아나셨느니라
그가 죽은 자 가운데 살아나셨다"

내가 진토임을 아시며
나의 체질과 나의 성정을
나보다 나를 더 잘 아시는 주님이시기에
나를 위해 십자가 지실 수밖에 없으셨던
나의 아버지 나의 구속자 사랑의 주님

한없이 넘치는 그 사랑으로
나의 죄를 위해 보혈을 쏟으시고
나의 의를 위해 다시 살아나시사
새 생명으로 나를 살리신 그 사랑과 그 은혜는
평생을 울어도 그 사랑 갚을 길 없습니다

한이 없는 영원한 그 사랑 감당하기엔
내 작은 심장이 너무 작아 안타깝기 그지없지만
내 작은 심장은 벅찬 감동으로 뛰며
예수님 때문에 누리는 축복이 너무 귀하고 크기에

내 영혼이 감당할 수 없는 기쁨과 감격으로 충만합니다
이제 다시 깊은 마음으로 겸허히 고개 숙이며
주의 고난에 동참하므로 부활의 영광에도 참여합니다

"사망아 너의 이기는 것이 어디 있느냐
사망아 너의 쏘는 것이 어디 있느냐
예수 부활 하셨다" (고린도전서 15:55)

1985년 4월
부활절에

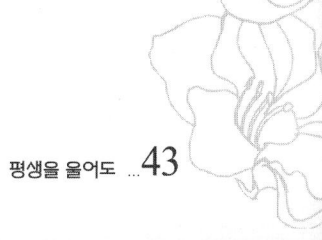

## 비둘기 성령

말씀이 육신이 되어 거하시매
말씀으로 말씀하심이여
온전케 하시는 비둘기 성령의 물결이
내 영혼 속으로 파장을 일으킬 때
은혜와 사랑으로 기쁨이 한량없습니다
주님안에 내가 거하고 내안에 주님 거하시는
인격적인 영교를 체험하는 성령의 기쁨은 할말을 잃으며
한없는 그 감격은 뜨거운 눈물로만 표현됩니다

비둘기 성령의 신비스러움이 내 온 영혼을 감싸 안을 때
거룩한 성령의 기름 부으심은
보혈로 흰 세마포로 갈아입히시며
내가 너를 잠잠히 사랑하노라
주님의 세미하고 감미로운 음성을 듣습니다
주님의 그 사랑의 음성으로 내 영혼 깊은 곳에서
천국을 소유한 기쁨은 두려움 없는 사랑의 확신과
표현할 수 없는 영혼의 떨림으로 가슴이 벅차오릅니다

거룩한 성령의 인 치심은
천국의 싱그러운 향기로

새벽이슬같이 투명하고 영롱한
아름다운 보석이 되어
거룩하고 순결한 영혼으로
성령의 온전한 평강을 체험합니다
한량없는 성령의 감동은
영혼 깊은 곳에서 솟아나는 기쁨이지만
들뜨지 않으며 차분하고 고요한 성령의 온전한 평강이며
비둘기 성령의 완전한 충만입니다

                                          1985년 철야예배
                                          아가서 말씀 중에서

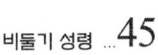

## 유구무언

나는 세상의 모든 것을 초월할 수 있는
믿음이 있는 줄 알았습니다
나는 욕심과 정욕을 버릴 수 있는 자신인 줄 알았습니다
나는 내가 낮아질 수 있는 사람으로
내가 모든 것을 포기할 수 있는 자인 줄 알았습니다
무엇을 내가 할 수 있다고 생각한 것이 착각이었으며
자만이며 교만이며 무지 그 자체였습니다

나는 포기하는 것도 낮아질 수 있는 것도
세상의 모든 것을 초월할 수 있는 것도
내 의지로 내 생각대로 되는 것인 줄 알았는데
그게 아님을 깨달았을 때
주님 앞에 부끄러워 고개를 들 수가 없었습니다
나는 낮아지고 포기하는 모든 것이
내 의지가 아닌 주의 은혜로
성령의 도우심으로 이루어짐을 깨달았을 때
내 생각이 너무나 무례한 것이란 것을 알았습니다

내가 무엇을 하는 것이 아니었고
할 수 있는 자격도 없으며 판단하는 위치도 아니었습니다

나는 아무것도 할 수 없는 자였습니다
다만 하나님의 뜻과 섭리와 경륜에 순종할 뿐이며
순종할 수 있는 것 또한 성령의 도우심으로 되어지는 것으로
내 자의로 할 수 있는 것은 아무것도 없었습니다
다만 주의 은혜로 쓰임 받는 도구일 뿐
창조주 앞에서 피조물임을 재확인하며
다시 한번 겸손의 의미를 새기며 겸비하며
나는 아무것도 아님을 깨닫습니다

또한 포기하는 것과 심령이 가난할 수 있는 내려놓음의 낮아짐도
주께서 베푸시는 한량없는 성령의 은혜로 되어지는 것이며
모든 것이 창조주의 섭리와 계획안에 이루어지는 것입니다
나의 소유 나의 의지 나의 계획
아무것도 내 뜻대로 할 수 없음을 알고
주님 앞에 빈 손 높이 들며 겸손히 무릎을 꿇습니다

모든 것이 주께로부터 와서 주께로부터 이루어지며
주께로 돌아가는 진리의 말씀 안에
다만 주의 은혜로 계획되어지는 것을 다시 한번 깊이 깨닫습니다
내가 할 수 있는 의지도 나의 소유도 없으며
토기가 토기장이의 의도와 뜻을 기다리듯
주의 은혜가 아니면 아무것도 할 수 없습니다
다만 나의 의지 밖에서 하나님의 능력을 바라볼 뿐입니다
모든 것이 하나님께로부터 공급되며
성령의 은혜로 허락됨을 믿으며

주의 섭리 안에 겸허히 고개 숙이며 순종할 따름입니다
나는 유구무언입니다

                                        1986년 3월

## 무력함을 깨달으며

불평해야 할 이유도 자격도 없는 자신인 줄 알면서도
불평하게 되는 나약함과 위선에 무력함을 깨닫습니다
마음을 상하게 하는 아픔들이 나를 괴롭히지만
그래도 좌절하지 않고 실족하지 않을 수 있음은
나를 향한 십자가의 사랑이 나를 붙드신 큰 사랑입니다
주위 환경으로부터 오는 모든 힘든 것들이
내안에 갈등으로 나타나
헤어날 수 없는 혼란 속에 빠져들 때라도
소망이 있음은 나를 이끌어 주시며 부르시는
주님의 사랑의 음성이 나를 감동시키는 은혜 때문입니다

"영생의 말씀이 주께 있사오니 내가 뉘게로 가오리까?"
이 말씀이 나를 실족하지 않고 좌절하지 않도록 위로하시며
견딜 수 있는 힘을 주심을 감사드립니다
나의 공로가 아닌 주의 은혜 까닭에 빈손 높이 듭니다
다시 한번 주의 강권적인 은혜와 사랑으로
십자가 붙들 수 있음을 감사드리며
주의 보혈의 사랑이 나를 찾아오심으로 상한 감정을 치료받으며
위로 받을 수 있음에 감격하며 감사드립니다
진노 중에도 긍휼 베푸시기를 원하시는 주의 자비와 인자로

나를 위로하시며 값없이 보혈의 공로를 힘입을 수 있는
그 은혜 안에 있음을 무한히 감사드립니다

위로부터 오는 강하고 담대한 믿음으로 새 힘을 공급 받아
불평과 무력함에서 벗어나 성령의 기쁨을 체험하게 하시고
주님만을 바라보게 하소서
이제는 세상이 감당치 못하는 믿음의 사람으로 살게 하소서

"믿음이 이기네 믿음이 이기네 주 예수를 믿음이 온 세상 이기네"

"대저 하나님께로 난 자마다 세상을 이긴 이김은 이것이니 우리의 믿음이니라" (요한1서 5:4)

"비록 무화과나무가 무성치 못하며 포도나무에 열매가 없으며 감람나무에 소출이 없으며 밭에 식물이 없으며 우리에 양이 없으며 외양간에 소가 없을지라도 나는 여호와를 인하여 즐거워하며 나의 구원의 하나님을 인하여 기뻐하리로다"
(하박국 3:17)

1986년

## 소망 II

사모하는 영혼을 만족케 하시며
하늘의 신령한 은혜로
영혼을 부요케 하사
날마다 성령의 기쁨을 체험하게 하소서

주신 달란트에 최선을 다하며
작은 일에도 충성으로 봉사하게 하시며
말씀 순종으로 겸손함으로
주의 신실한 청지기가 되게 하소서

착함과 의로움과 진실함의
빛의 열매를 사랑으로 영글게 하시어
자신의 위치를 잘 지키는
성숙한 믿음의 사람으로 나아가게 하소서

가난한 심령으로
날마다 나를 버리는 훈련 속에
고치고 다듬고 성화되게 하사
주님의 형상 닮게 하소서

1986년 7월

## 재활원을 찾아서

네 번째 재활원을 찾는 마음은
해마다 방문 때마다 자신이 부끄럽게 하다 못해
마음이 떨려옴을 부인할 수가 없습니다

저들보다 얼마나 주님을 사랑했으며
주님 더 가까이 가기 위해 얼마나 신실하게 살아왔으며
성령의 감동을 소멸치 않고 주님의 뜻을 순종하기 위해
얼마나 바른 믿음으로 살아왔는지
자신을 깊이 성찰하는 귀한 시간을 체험합니다

육체의 장애가 없었기에 교만했었고
하나님의 뜻보다 이성적인 판단이 늘 앞섰던 자신이었기에
그들 앞에서 눈물을 흘리는 그 자체가
감상적이며 사치스러운 표현이었습니다

그들 앞에서 울 수 있을 만큼 내 영혼이 맑지 못했으며
주님 향한 내 심령이 뜨겁지 못했음을 인정할 때
"내가 주님을 사랑하므로 병이 났음이라"는
아가서의 말씀이 나를 부끄럽게 합니다
하여 안으로 안으로 울음을 삼킬 수밖에 없었지만

울 수 있는 자격도 갖추지 못했음을 발견할 때
주님 앞에 교만했던 마음을 내려놓습니다

뇌성마비로 육체가 온전치 못한 아이들을 바라보며
창조주 여호와의 섭리와 경륜을 묵상해 봅니다
그들과 나는 왜 이 자리에 서 있는가? 반문해 보지만
그들과 나의 뜻이 아닌 만세 전에 택한
창조주 하나님의 예정이며 주권으로
피조물로서 온전히 순응할 수밖에 없는
하나님의 뜻과 섭리로 설명할 수 없는 비밀입니다

주님은 그들과 나를 향한 어떤 뜻을 나타내시는지
이 중대한 물음에 창조주의 영적 권위 앞에
자신이 낮아질 수밖에 없는 겸손을 배웁니다
십자가의 사랑이 이 자리에 설 수 있는 자격을 부여하심에
그들 앞에 나의 자랑이 있을 수 없으며
그들보다 더 축복 받았다고 자만할 수가 없으매
주의 사랑과 은혜를 다시 한번 깊이 깨닫습니다

뇌성마비 아이들의 눈망울 속에서 하나님의 형상을 발견한다는
재활원 선생님의 음성은 낮고 떨렸으나
하나님의 뜻을 순종하려는 사명감에 불타 있었습니다
육체의 장애는 장애가 아니라 주님을 모시지 못한 심령의 장애가
얼마나 불쌍한 장애인지를 잘 나타내 주는
미즈노 겐죠 씨의 성시 「내 은혜가 네게 족하다」와

송명희 양의 성시 「예수 그 이름」으로
주님의 사랑을 다시 반추해 봅니다

우리들 비장애인보다 더 뜨겁고 더 진실되게
주님의 사랑을 온 세계에 전하며
하나님께 영광을 돌려드리는 그들의 깊은 사명감은
얼마나 귀하며 아름다운 영혼들인가?
우리들은 그들의 영혼 속에서 살아 역사하시는
주님을 만날 수 있으며 천국을 체험하는 고백에서
값진 진주를 발견합니다

사람을 외모로 보시지 않으시고 중심을 보시는 하나님
우리 눈에 보이는 것으로 우리의 가치관으로
주께서 인정하시는 선택받은 참 복된 자를
어이 찾으며 판단할 수 있으리요

우리의 모습 이대로 받으시는 주님,
나보다 나를 더 잘 아시는 주님,
주의 은혜와 사랑 안에 귀한 순종으로 겸허하게
주님 더 가까이 나아가기를 소원할 뿐입니다

금그릇 은그릇 될 수 없는 연약하고 보잘것없는
질그릇 같을 지라도
주님은 영혼이 맑고 깨끗한 질그릇들을
더 귀하게 쓰신 것을 믿습니다

하여 "나의 나 된 것은 하나님의 은혜로 된 것이니
내게 주신 그의 은혜가 헛되지 아니하여" 라는 바울의 고백이
나의 고백이 됨을 감사드리며
주님의 말씀을 레마로 받는 은혜에 감격과 감사로
주님께 영광을 돌립니다
이제 다시 나직이, 그러나 마음 깊이
주님의 이름을 뜨겁게 불러보며
주님을 사랑한다는 고백이 진실된 고백이기를 소망하며
주님 귀히 쓰시는 깨끗한 영혼이 되고 싶은 마음으로
기도의 무릎을 꿇습니다

    "고운 것도 거짓되고 아름다운 것도 헛되나
    오직 여호와를 경외하는 여자는
    칭찬을 받을 것이라" (잠언 31:30)

1986년

## 사랑의 음성

잔잔한 파문을 그리며
주의 사랑의 음성이 내 영혼에 부딪칠 때
십자가의 사랑은
성령의 뜨거운 감동으로
기도의 무릎을 꿇게 합니다

심령 깊은 곳에서
아바 아버지라 부를 수 있는
감격의 뜨거운 눈물은 기쁨의 향연이 되어
사모하는 저 영광의 곳
주님 보좌에 닿습니다

주님 내안에
나 주님안에
인격적인 만남으로 존귀한 나를 찾게 하시며
영혼의 기쁨과 감격은
주님 향한 성시로 고백 됩니다

1986년

## 잔잔한 감동

부엌에서 저녁 식사 준비를 하고 있는 엄마의 귀에
아이들 방에서 내 마음을 기쁘게 하는 목소리가 들려 왔습니다
소리 내어 성경을 읽는 형과 동생의 낭랑한 목소리
그건 바로 참 기쁨이요 복된 음성이었습니다
공부방에서 들려오는 말씀 읽는 소리를 들을 때
가슴깊이 전해오는 감동이 잔잔한 행복으로 전해져 옵니다
믿음으로 잘 양육됨을 하나님께 감사드리며
주께서 일평생 선물로 주신 형제의 앞길에 언제나 동행하시며
인도하시리라는 확신으로 기쁨이 한량없습니다

형 원직이는 중학교 2학년으로 변성기에 접어든 탓에
굵은 목소리가 제법 의젓하게 들리고
동생 원국이는 초등 5학년으로
아직 앳된 음성이었습니다
한참을 소리 내어 그렇게 말씀을 읽었습니다
형제의 사랑이 말씀으로 더욱 깊어지며
바른 믿음으로 성장하리라 믿어 의심치 않습니다
평소에 공부하는 모습을 바라볼 때도 흐뭇하긴 했지만
성경 읽는 소리를 들었을 때의 기쁨은 무엇과도 비교할 수 없는
더 큰 기쁨과 감동이 있음을 부인할 수가 없습니다

가슴 찡한 이 감동을 어떻게 글로 표현해야 좋을지
주님의 은혜 감사합니다
언제나 말씀을 사모하며 묵상한다면
주께서 형제의 앞길에 빛을 비추시며 동행하시며
신앙의 승리자로 이끌어 주시리라 믿습니다
요한처럼 주의 사랑 안에 거하는 사람으로
다니엘처럼 담대한 믿음의 사람으로
요셉처럼 의롭게 사는 복의 자손처럼…
오늘도 내일 언제나 말씀을 사모하며
그 말씀을 지키며 살아가는 형제에게
주께서 큰 믿음을 주시며 귀하게 사용하시리라 믿으며
더 새로운 각오로 주님 가까이 가는
기도의 무릎이 강한 어머니가 되겠습니다

1986년 11월 12일

# 성찬 1

독선과 아집 속에
욕심으로 살아온 자신
성찬 받을 아무런 자격도 의도 없지만
다만 주의 은혜로 값없이 떡과 잔을 받습니다
보혈의 능력이 나의 힘이 되게 하사
죄를 떠나 살게 하시고
구별된 성도의 삶을 살게 하소서

날 위해 지신 십자가의
흘리신 보혈이 가슴속에 밀려와
감격의 뜨거운 눈물로 성찬을 받습니다
사랑과 은혜의 귀한 보혈로 죄 씻음 받으므로
영혼이 기쁨으로 새롭게 살아납니다

내 공로가 아닌 주의 은혜로
떡과 잔을 받습니다
죄 많은 육신 십자가에 못 박을 때
물이 포도주로 변함같이 부활의 생명으로
다시 태어나 죄를 떠나 살게 하시며
주의 선하신 뜻 분별하는

경건한 믿음의 사람으로 살게 하소서

오직 주의 은혜로
떡과 잔을 받습니다
아버지 나의 아버지 감사합니다
나의 의가 아닌 은혜로 값없이 성찬 받으므로
감격의 뜨거운 눈물로 감동케 하시니 감사합니다
이제는 보혈의 능력이 나의 힘이 되사
세상이 감당치 못하는 믿음의 사람으로 살게 하소서

1986년 12월

## 주의 공의로움

주의 공의로움이 어찌 그리 위대하시고 자비로우신지요
공의의 하나님께서 내안에 살아계심으로
내 의지가 되시니 얼마나 큰 위로가 되는지요
그분이 나의 아버지 되시니 얼마나 감사한지요
나의 고통을 아뢸 수 있고 위로 받을 수 있는
주님이 내 곁에 계심으로 감격하며 감사드립니다

상한 갈대를 꺾지 않으시고 꺼져 가는 심지를 끄지 않으시는
주의 자비와 긍휼하심이 언제나 동일하시기에
이렇게 위로를 받습니다
억울하고 답답할 때 감당할 수 없는 고통 속에 있을 때
주의 정의의 오른손으로
내가 침묵할지라도 하나님은 판단하시고
나의 상함을 싸매시고 위로하시며
내 곁에서 바르게 판단해 주시며 나와 함께하심으로
두려워하지 않을 수 있기에 위로 받으며 감사드립니다

공의로우신 하나님은 불의가 없으시며 식언치 않으시고
바르게 판단하시며 누구에게나 동일하시고 공평하신 하나님
그 하나님이 나의 허물을 헤아리시며 위로하시고

몇 날이 지나지 않아 회복시키시며
고통당할 때 더 가까이 계시며 도우시며 함께하시는
사랑의 하나님 공의의 하나님 나의 아버지 되심을 감사드립니다
고통 중에도 주를 의지하여 좌절하지 않으며
주의 이름을 부를 수 있기에 감격하며 감사드립니다

공의의 하나님을 의지함이 얼마나 큰 축복이며 은혜인지
영혼의 떨림을 무엇으로 표현할 수 없지만
나의 숨결에 함께 하시고
나의 작은 신음에도 귀 기울이시며 나의 눈물을 기억하시는 주님
내가 약할 때 더 강하게 붙드신 나의 하나님 나의 아버지
일방적으로 정죄당할 때 변명도 할 수 없는 괴로움으로
힘들고 어려워 견딜 수 없을 때 내 상한 마음을 위로하시며
모래 위에 난 발자국처럼 나의 발자국이 보이지 않았을 때
언제나 나를 업고 가시며 함께하신 나의 아버지 나의 주님
그 사랑 그 은혜 무엇으로 감사하며 보답하리이까

"하늘에서는 주 외에 누가 내게 있으리요
땅에서는 주밖에 사모할 자 없나이다"
사람의 판단은 왜곡되며 불의하며 잘못될 수 있으나
불꽃같은 눈으로 살피시는 공의의 하나님은 식언치 아니하시며
불의를 합리화시키지 않으시고 공의로 행하시며
나의 기도 소리에 귀 기울이시며
나보다 나를 더 잘 아시고 위로하시니 감사합니다
그러나 주의 공의 앞에 설 자가 감히 누가 있으리요

다만 나를 십자가 보혈로 용서하시고 사죄의 은총으로
나를 용납하시고 세우심에 감격과 감사로 위로를 받습니다

사람이 감히 어찌 하리요
주의 공의가 얼마나 귀한지요 어찌 그리 아름다운지요
주의 사랑으로 마음을 다스릴 수 있도록 도우시는
나의 하나님 나의 아버지 감사합니다
그 사랑 안에 거할 수 있기에 고통 중에도 견디며
이렇게 설 수 있음으로 위로받으며 감사드립니다
이 훈련으로 더 순수하며 더 정직함을 내 것으로 삼는
전화위복이 되리라 다짐할 수 있음을 감사드립니다

　　　"여호와여 주께서 나를 감찰하시고 아셨나이다
　　　주께서 나의 앉고 일어섬을 아시며 멀리서도
　　　나의 생각을 통촉하시오며 나의 길과 눕는 것을 감찰하시며
　　　나의 모든 행위를 익히 아시오니
　　　여호와여 내 혀의 말을 알지 못하시는 것이
　　　하나도 없으시니다" (시편 139:1-4)

　　　"우리가 사방으로 우겨 쌈을 당하여도 싸이지 아니하며
　　　답답한 일을 당하여도 낙심하지 아니하며
　　　핍박을 받아도 버린바 되지 아니하며 거꾸러뜨림을 당하여도
　　　망하지 아니하고 우리가 항상 예수 죽인 것을 몸에 짊어짐은
　　　예수의 생명도 우리 몸에 나타나게 하려 함이라"
　　　(고린도후서 4:8-10)

　　　　　　　　　　　　　　　　　　　　1988년 2월

## 나를 찾게 하소서

내가 누구입니까
내가 무엇입니까
내가 어찌해야 합니까
주안에서 나를 찾지 못해 안타까이 헤매고 있습니다
나를 괴롭히는 자를 사랑할 수 없음을 인해 비통함이 있습니다
용서하지 못해 가슴 아픈 고통으로 마음이 무겁습니다
참아보려고 애써 보지만 용서가 되지 않습니다
그냥 무관심할 수 있으나 사랑할 수가 없습니다
무관심의 결심도 많은 연단과 시간이 지난 후
내려진 체념의 결과지만 사랑할 수가 없어 괴롭습니다

나를 괴롭히는 자를 사랑하라 하시는 말씀을
순종할 수 없어 가슴 아픈 눈물만 흘립니다
십자가의 고통 속에서도 주님은 죄 없으신 몸으로
나를 위해 생명도 버리셨는데
허물과 죄뿐인 나는 용서하는 것도 할 수 없으니
이 교만함과 연약함을 어찌해야 합니까
사랑할 수 없어서 괴로움으로 밤을 지새웁니다

"원수를 사랑하라" 하시는 계명이 마음에 찔려서

내 힘으로 할 수 없기에 마음에 상처를 안고
고통 속에 가슴앓이를 합니다.
주님의 이름을 부르지만 사랑하는 것이
어찌 이토록 힘이 드는지
주의 말씀에 순종할 능력이 없습니다.

어찌해야 합니까
믿음이 없습니까
기도가 부족합니까
회개해야 할 것이 아직도 많이 남았습니까
애통의 눈물을 더 많이 쏟아야합니까

나의 힘으로 의지로 되는 것이 아님을 깨닫습니다
주여 도우소서
은총과 간구의 영을 부어 주사 하늘 보좌에 닿는
응답받는 기도를 허락하소서
주여 나를 찾게 하소서
이 괴로움에서 나를 건져 주소서
나를 긍휼히 여기소서
평정을 찾게 하소서
주의 은혜로 이기게 하소서
주안에서 나를 찾게 하사 십자가의 사랑으로
이 시련을 이기게 하소서
주여 나를 도우사 십자가의 사랑의 의미를 깊이 깨달아
주의 말씀 순종하며 실천하게 하소서

그의 영혼을 위해서도 주님은 십자가 지셨는데
주께서 나를 용서하시고 사랑하심 같이
나도 용서하며 사랑하게 하소서
주의 은혜로 감당하며 이기게 하소서
십자가 보혈을 의지합니다
주여 나를 도우소서 함께 하소서

"여호와께서 그 백성의 상처를 싸매시며 그들의 맞은 자리를
고치시는 날에는 달빛은 햇빛 같겠고 햇빛은 칠 배가 되어
일곱 날의 빛과 같으리라" (이사야 30:26)

1988년 3월

## 「나를 찾게 하소서」를 회상하면서

견딜 수 없는 괴로움에 한치 앞도 보지 못하고
내안에 갈급함은 있으나 성령의 탄식함을 깨닫지 못하고
내가 할 수 있으리라는 착각 속에서
헤어날 수 없는 곤경으로 괴로워 울부짖던
믿음 없던 그때의 내 모습이 한없이 부끄럽지만
되돌아보면 고민하며 아파하며 울부짖던 그 고통이
오늘의 나를 있게 한 시금석이 됨을 감사해 봅니다

이제는 어떤 시험이 와도
나를 단련하시는 연단으로 알고 훈련받을 때 감사할 수 있는
강하고 담대한 믿음의 사람이 되기를 소원합니다
바라옵나니 주님 더 가까이 가는 성숙한 믿음으로
이해하며 용서하며 사랑하며
주의 능력을 안으로 안으로 채우게 하시고
날마다 속사람이 새롭게 변화되게 하소서
다시 한번 모든 것이 주의 은혜임을 깨닫고
내가 할 수 있는 것이 아무것도 없음을 알고
겸손히 주의 뜻을 순종함으로
새롭게 다시 주의 능력을 바라봅니다
원수를 사랑하라 하시는 말씀이

나의 괴로움과 고통을 소멸시키시며
마음의 평안과 기쁨과 위로이며
나를 살리는 복된 말씀임을 깨달으며
주의 크신 사랑과 은혜를 깊이 묵상합니다

2006년 7월

"너희 믿음의 시련이 불로 연단하여도 없어질
금보다 더 귀하여 예수 그리스도의 나타나실 때에
칭찬과 영광과 존귀를 얻게 하려 함이라" (베드로전서 1:7)

## 사랑의 계명

"원수를 사랑하라" 하심은
십자가 사랑의 선포이며
사랑과 용서의 실천으로
하나님 형상의 회복이며
영혼의 자유함을 위해
허락하시는 은혜와 축복입니다

"원수를 사랑하라" 하심은
두려움과 형벌을 소멸하는
사랑의 정의를 내리신
언약의 말씀으로
영혼의 평강을 위해
허락하시는 사랑의 선물입니다

"원수를 사랑하라" 하심은
상한 심령을 치료하시는
위로와 감사의 축복이며
십자가의 사랑의 실천으로
영혼의 부요함을 누리는
신령한 은혜의 시작입니다

"원수를 사랑하라" 하심은
기쁨과 평강을
위로와 안식을
은혜와 사랑을
진리 안에 자유를 허락하시는
나의 유익을 위한 사랑의 계명입니다

1988년 10월

## 심령이 가난한 자

심령이 가난한 자는
영혼이 부요한 자이며
주님을 닮은 겸손함과 온유함을 지닌 자로
천국을 소유한 기쁨으로
감사와 감격이 있는 자입니다

심령이 가난한 자는
십자가의 구속에 감격하여
진실로 뜨거운 눈물을 흘릴 줄 아는 자로
나의 나 된 것은 주의 은혜임을 알고
마음을 낮추는 신실한 자입니다

심령이 가난한 자는
자랑과 욕심을 내려놓고 자족하며
주신 은혜로 풍성함을 누리며
사랑과 용서를 나누며
작은 것에 감사하는 자입니다

심령이 가난한 자는
중심을 볼 줄 아는 자이며

자신을 낮추며 과시하지 않고
상대방을 세워 주며
자신의 위치를 잘 지키는 자입니다

심령이 가난한 자는
주님을 깊이 묵상하는 자로
자존감을 가지되 오만하지 않으며
외식하지 않기 위해 날마다
자신을 쳐 복종시키는 자입니다

심령이 가난한 자는
자신의 약한 것을 인정하는 자이며
성화되게 고치고 다듬어 가며
부활의 소망 안에
구원의 기쁨과 평강을 누리는 자입니다

심령이 가난한 자는
거룩한 성령의 기름 부으심으로
진리 안에 자유하며
하늘의 신령한 은혜를 사모함으로
믿음의 비밀을 간직한 자입니다

1988년

## 만추의 들녘에서

풍요롭던 황금 들녘 이 어느 사이엔가
그루터기만 남긴 채 겨울을 재촉하는 만추의 들녘이다
떨어진 낙엽들이 바람에 쓰적거리며 내 몸을 스칠 때
낙엽 진 나무들이 허허롭게 비쳐오지만 쓸쓸하지 않은 것은
사색할 수 있는 낭만이 있음이며
하나님의 복으로 연사이 관을 씨우사
풍성한 오곡백과의 결실을 거둔 후의 여유이리라

낙엽 위를 걸으며 자신의 내면을 읽어 본다
지금껏 우린 포도 위에서 서로의 마음을 헤아리지 못한 채
형식과 위선으로 자신의 단점들을 인정하기보다
지나치게 자신을 감추며 한 치의 허점도 실수도 용납하지 않고
마음의 빗장을 굳게 잠그며 바리새인적인
생활의 연속임을 부인할 수 없다

무엇이 소중하며 우선되어야 하는가를 망각한 채
귀한 것을 귀하게 볼 수 있는 가치관이 흐려졌으며
별로 중요하지 않은 사소한 일에 지켜야 할 품위도 자존심도
무시한 채 모순된 일상이었음을 자인해 본다
늦었지만 낙엽을 밟으며 나의 자아를 발견할 수 있음이

실로 흐뭇하며 다행스럽다

레바논의 백향목처럼 늘 곧고 푸를 수없을 바에야
저 나목처럼 자신의 있는 그대로를 솔직히 나타내 보이는
진실을 배워보자
나를 있는 그대로 꾸밈없이 표현하는
심령이 가난할 수 있는 진리를 터득해 보자

하나님은 누구에게나 장점과 단점을 동시에 부여하셨다
인간에게 장점만 있으면 자만하여 교만할 수 있음으로
단점을 통해 마음을 낮출 수 있는 겸손을 배우게 하심이 아닐까

내 모습 이대로 받으시는 주님
나보다 나를 더 잘 아시는 창조주 여호와께서
나를 향하신 섭리와 경륜에 무한한 은혜와 사랑을 깨달으며
비굴하지도 자만하지도 않은 나를 만들어 가시며
나를 나 되게 하신 은혜에 감사할 수 있음에
참으로 감격스러운 기쁨이 있다

바울처럼 될 수는 없지만
내 능력이 약한데서 강하여진다는 말씀을 레마로 받으며
이 깊은 가을에는 자신의 약한 것들을 자랑해 보며
영혼이 부요함을 누리는 심령이 가난한 자가 되고 싶다
진실로 신령한 은혜 안에
주님을 위해 많은 것을 포기할 수 있는 자신이 되고 싶다

낙엽 위를 걸으며 주안에서의 자신을 발견하며
나의 위상을 재정립해 봄이
얼마나 귀하며 소중한 일인지 낙엽을 밟으며 사색할 수 있는
의미가 있는 만추의 계절이다

이제 다시금 마음을 낮추며 겸손히
내 마음의 겨울이 오기 전에 지난날들을 반추해 보며
주님께 날마다 감사드리는 일상이 되고 싶음이
만추의 계절에서의 우선순위 제1이다

1988년 11월

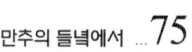

## 주의 임재

주의 임재로
주의 사랑이 신비로
경이롭고 아름답습니다
오늘도 나를 찾아오신 주님

주의 임재로
세상이 줄 수 없는 한량없는
기쁨과 은혜를 누립니다
오늘도 나를 만나 주신 주님

주의 임재로
내 영혼이 푸른 초장 위에서
기뻐하며 찬양합니다
오늘도 나와 동행하신 주님

주의 임재로
세상을 이길 수 있는 능력으로
영혼이 기쁨으로 충만합니다
오늘도 내안에 살아 계시는 주님

1989년 2월

## 나의 나 된 것은

내가 나의 죄를 깊이 고민할 때
십자가의 사랑을 체험할 수 있었습니다
나의 죄 문제를 내가 해결할 수 없고 책임질 수 없음을 발견할 때
보혈의 필연성을 절실히 깨닫게 되었습니다

나의 죄 문제를 깊이 고민하면서
내가 보잘것없는 진토임을 깨닫고
연약한 피조물임을 재확인할 때
창조주 여호와 앞에 낮아짐으로 마음을 비우며
전능자를 의뢰할 수밖에 없음을 고백하며
겸손을 배워야 함을 깨닫습니다

나의 허물과 죄로 인하여 나는 죽고 죄만 살아나는
깊은 은혜를 깨달을 때 날 위해 돌아가신
십자가의 주님을 바라보게 하셨습니다
성령의 감동으로 귀한 회개의 뜨거운 눈물을 주시며
십자가의 보혈은 사죄의 은총으로
평안과 위로를 얻게 하셨습니다

십자가 사랑 안에서

"진리가 너희를 자유케 하리라"는 말씀 체험으로
용서받은 의인의 자리에 서게 됨을 감격하며 감사드립니다
나를 향하신 주의 계획하심과 섭리 안에서
나의 존재 의미를 깨닫고
존귀함을 회복하게 됨을 진실로 감사드립니다

값없이 흘려주신 귀한 보혈의 공로를 믿으며
생명책에 내 이름이 기록됨을 확신할 때
나의 나 된 것은 하나님의 은혜임을 고백하며
칭의의 은혜로 기쁘고 즐거운 구원을 누립니다
주님 감사합니다
주님 사랑합니다
나의 모든 것을 드립니다

1989년 3월

## 사랑의 대가(代價)

죄는 과녁에서 빗나간 것이며
하나님의 법에서 이탈한 것이며
믿음으로 행하지 않는 모든 것은 다 죄라 하셨으며
악은 모양이라도 버리라고 말씀하셨습니다

죄가 얼마나 무섭고 절망적이며 엄청난 것인지
하나님의 독생자를 죽게 한 것이었습니다
영광 중에 계신 하나님을 낮고 천한 인간으로 오시게 하여
종의 모양으로 비하시킨 잔인한 것이며
십자가에 달려 멸시와 천대를 받으시고 죽으셔야 했던
참혹한 형벌이었습니다

죄를 지어서 죄인이 아니라 죄를 지을 수밖에 없는 죄인이기에
죄를 먹고 마시면서도 죄를 깨닫지 못하고 죄의 사슬에 매여
불안과 고통 속에 괴롭게 살아갈 수밖에 없었는데
하나님께서는 그 죄를 대속하기 위해
감당할 수 없는 부성애의 영원한 사랑으로
예수의 귀한 생명을 대속 재물로 주시며
단번에 나의 모든 죄를 사해 주셨습니다

나의 죄의 무게와 정비례하여 내 죄의 대가만큼 더하여져서
십자가의 형벌은 더 무겁고 쓰리고 아픈 괴로운 고통이었습니다
오로지 아버지의 다함이 없는 넘치는 사랑으로
십자가의 보혈은 죽었던 나를 새 생명으로 살리셨고
구원으로 이끄신 사랑의 완성이었습니다

그 사랑이 죄를 정복하시고 사망의 권세를 깨뜨리시고
의를 위해 부활로 승리하셨습니다.
사랑 밖에는 죄를 속할 길이 없었기에
그 사랑으로 고통의 십자가를 감당하셨습니다.
그 희생하신 고귀한 사랑의 보혈로 나의 죄를 씻으시고
새롭게 하시고 새 생명으로 인 쳐 주셨습니다

"내가 주님 사랑하므로 병이 났음이라"는
아가서의 말씀이 나의 신앙고백이 된다면
그 사랑 조금이나마 깨닫는 것이 될런지요
그 은혜로 인하여 자유와 평강을 누리며
주의 놀랍고 신기한 능력을 체험합니다

구속받은 자의 축복은 영혼을 보혈로 정결케 씻으며
언제나 은혜의 눈물로 감격하며 감사하며
성령의 감동을 소멸치 않으며
주님께 더 가까이 나아가는 심령입니다
주님의 십자가의 사랑으로 죄의 대가를 지불받은 나는
은혜를 입은 자여라

선택을 받은 자여라
축복을 받은 자여라
구원의 기쁨이 충만한 자여라

"사랑 안에 두려움이 없고 온전한 사랑이 두려움을 내어 쫓나니
두려움에는 형벌이 있음이라
두려워하는 자는 사랑 안에서 온전히 이루지 못하였느니라"
(요한1서 4:18)

1989년 3월

## 피로 값 주고 사신 이 집은

* 사모
여호와 우리 주여
주의 이름이 온 땅에 어찌 그리 아름다운지요
주의 장막이 어찌 그리 사랑스러운지요
내 영혼이 여호와와 성전을 사모하오며
주의 계신 집과 주의 영광이 거하는 곳을 사랑하오니
주의 성전의 한 날이 다른 곳에서의 천 날보다 복됨을
진실로 고백하나이다

* 건물의 성전
주의 피로 값 주고 사신 이 집은 살아 계신 하나님의 전이요
진리의 기둥과 터인 거룩한 주의 몸 된 성전입니다
지성소의 좌우에 구름기둥과 불기둥을 세우시고
성소 좌우에는 푸른 초장과 잔잔한 물가를 상징하는
창을 아름답게 장식하시고 종탑에는 길 잃은 무리를 향해
등대처럼 높이 십자가를 세우시고 아름답고 웅장하게 반석이신
예수 그리스도의 이름 위에 지으신 새 성전에서
뭇 성도들이 한 마음으로
찬양과 영광과 존귀를 주께 바치나이다

\* 섭리

낮에는 구름기둥으로 밤에는 불기둥으로
이스라엘 민족을 광야 40년간 인도하셨던 여호와께서
헌당의 날까지 46년간 주의 몸 된 교회와 성도들을
눈동자같이 아끼시고 사랑하사
하늘의 만나와 메추라기를 먹이시며
신령한 생수로 목마르지 않게 하셨나이다
광야 생활을 통해 낮추시고 주리게도 하시며
말씀을 심비에 새기사
하나님을 신뢰하며 의지하게 하시며 기도하게 하셨습니다
우리가 진토임을 고백시키시고 겸손을 배우게 하시
감사의 의미를 깨닫게 하셨습니다

순간마다 하나님의 섭리로 다듬으시고 고치시며
하나님의 귀한 자녀로 인 치셨으며
마른 막대기와 지팡이로 젖과 꿀이 흐르는 곳으로 인도하사
신령한 은혜를 사모하게 하시며 십자가 질 수 있는
믿음으로 성장시키셨습니다

\* 사명

이제 웅장하고 아름다운 교회 허락하셨으니
성령의 횃불을 높이 들게 하시며 복음의 나팔을 크게 불게 하사
이 땅을 향하여 진리의 파수꾼의 사명을 잘 감당하는
제사장의 교회로 삼아 주시며 이 성전을
주의 택한 자들로 가득 채우사

하나님의 크신 역사 이루게 하시며
세속의 빛 되게 하소서


* 마음의 성전
새 성전 입당하기 전 겸비 새벽 기도로
세 이렛 동안 성도들을 낮추시고
강퍅한 마음 교만한 마음 주의 사랑으로 녹이시며
24시간 연속기도와 금식기도로
진실로 뜨거운 눈물의 간구를 드리게 하사
마음의 성전을 이루게 하시며 건물의 성전을 허락하셨나이다


* 입당
새 성전에 입당하는 날에는
십자가의 보혈로 예복을 입히시고 뜨거운 감동과 떨림으로
지성소의 영광을 보게 하셨나이다
주의 영광이 임재하시는 그 날에는
영혼의 기쁨이 한량없었으며 그 감격의 경이로움은
주님 나라 갈 때까지 일평생 간직될 것입니다
부족하고 허물뿐인 저희들 무엇이관대
주께서 생각하시며
주께서 권고하시며
주께서 사랑하시며
독생자를 아끼지 아니하시고 구속하사
부활의 소망 가운데 복된 천국을 허락하셨나이다
주님 때문에 누리는 축복이 너무 깊고 크고 아름다워

그 기쁨이 감격으로 벅차나이다


* 봉사
이제는
옥합을 깨뜨린 마리아의 정성으로
그의 머리채로 주의 발을 씻기던 겸손으로 충성하게 하소서
말없이 순종하는 자 기뻐하시며
작은 일에 충성하는 자 귀히 보시는 사랑의 하나님
마음을 열어 맑은 영혼으로 부르는
뜨거운 감동의 찬양의 열매가
신앙 고백이 되게 하시며 복된 입술이 되게 하사
주의 보좌에 닿게 하소서


* 응답
하늘의 하늘이라도 주를 용납지 못하겠거든
하물며 저희들이 건축한 이 전이오리까 하오나
하나님 여호와여 주의 이름이 있으리라 한 이 곳에 와서
부르짖으면 응답하시겠다 하셨사오니
주 계신 곳 하늘에서 이 곳에 임재하셔서
기도와 간구를 들으시고 저희들을 돌아보사
믿음과 형편을 따라 응답하시고
복되게 하시며 은혜롭게 하소서


* 인도
솔로몬의 일천 번제의 제사를 받으셨던 여호와여

한 마음으로 부르는
저희들의 찬양을 받으시고
솔로몬의 성전에 충만하셨던
주의 성령이
주의 영광이
주의 기쁨이
주의 재림의 나팔소리가 울리는 그 날까지
동부교회 위에 충만하게 하사
찬란하게 빛나게 하소서
헌당의 날까지 인도하신
에벤에셀의 하나님께서
저희들의 생활 속에
여호와 이레 하실 것을 믿으며
이제 영원토록 임마누엘 하소서
할렐루야 아멘

1991년 11월 30일
헌당축하 성시

* 성시 낭독: 최인영

### 그냥 은혜입니다

죄의 대가를 속량 받았으나
그 은혜 감당할 수 없기에
탕감 밖에 길이 없어
그냥 은혜로 받습니다

그 값을 헤아릴 수 없고
지불할 수도 없기에
오로지 보혈로 용서 받으니
그냥 은혜로 받습니다

사랑의 대가를 치르기엔
그 사랑이 너무 깊고 넓고 높아
측량할 수 없기에
그냥 은혜로 받습니다

다함이 없는 크신 사랑에
할 말을 찾지 못해
뜨겁게 눈물만 쏟으며
그냥 은혜로 받습니다

구별된 삶을 다짐했으나
거듭되는 허물과 죄
또 다시 탕감 받으며
그냥 은혜로 받습니다

은혜가 은혜 됨을 깨달으며
감격과 감사로 지성소로 나아가는
영혼의 기쁨과 평강은
오로지 십자가의 사랑입니다

1993년

## 신록의 계절에

복잡하고 답답한 시내를 가까스로 빠져나와
탁 트인 88 고속도로를 달리노라면
도시의 복잡한 교통체증에 식상해 있는 우리에겐
더없는 여유로움과 상쾌함이 온 몸으로 전해진다
바람을 가르며 한참을 달리노라면 시야에 들어오는 것은
온 통 초록빛 천지에 회색의 아스팔트만 한가롭다

비온 뒤 녹색의 숲이 손끝에 닿을 듯
더욱 싱그럽게 마음을 설레이게 하며
그 푸르름이 나를 깊은 숲 속으로 빠져들게 한다

하늘을 가득 채운 녹색의 능선들이 우람하다 못해
당당한 기쁨으로 나를 압도해 올 때
내 알량한 자존심이 얼마나 초라해지는지 얼굴이 붉어진다
이제 광활한 대자연의 아름다운 품위처럼 침묵과 포용
그리고 순수함과 아름다움을 새롭게 음미해 보며
누구에게나 사랑과 이해로 다가서는 넉넉한 마음이 되고 싶다

골이 깊으면 깊을수록 아름답다고 했던가
운무로 가득 찬 산 능선과 계곡들이 신비롭게 다가오며

나의 마음을 사로잡는다
신록의 터널을 따라 한참 산을 오르다
그 맑디맑은 계곡의 물소리에 이끌리어 손과 발을 담그며
온 몸으로 전해오는 그 상쾌함이란 태초의 신선함이런가

암반을 치며 쏟아지는 물들의 박수소리
크고 작은 바위들을 돌아 하얗게 부서지는
투명한 옥색의 물보라
그 청아한 물소리와 신록의 싱그러움이 조화되어
에덴 속의 나로 착각하게 한다

여호와의 모습 중
그 음성은 많은 물소리와 같다함 같이
조약돌 위로 흐르는 잔잔한 물소리는
하나님의 포근한 사랑을 나타내는 듯하며
폭포수와 같은 우렁찬 소리는
여호와의 권위와 권세를 상징하는 듯하다
빈부귀천이 없이 누릴 수 있는 천혜의 이 복은
인류에게 내리신 창조주의 사랑의 선물이로다

숲 속에서 불어오는 향긋한 바람결을 타고 들려오는
풀벌레 소리와 작은 풀꽃들의 속삭임
그 가운데 지저귀는 새들의 맑고 고운 소리
그 천연의 소리가 얼마나 아름다운지 감동스럽다

혼돈을 질서로 흑암을 빛으로
무에서 유를 창조하신
천지창조의 그 날들이 얼마나 장엄하고 찬란했으리요
여호와의 위대하심과 그 권능과 지혜를 내 영이 찬양하며
푸르름의 신록에 끝없이 잠기고 싶은 내 영혼이
주님의 세미한 음성을 듣는다

"믿음으로 모든 세계가 하나님의 말씀으로 지어진 줄을
우리가 아나니 창세로부터 그의 보이지 아니하는 것들
곧 그의 영원하신 능력과 신성이 그 만드신 만물에
분명히 보여 알게 되나니 그리므로 핑게치 못할 지니러"
로고스의 말씀이 레마로 전해오는 감동이다
하나님의 형상 따라 지음 받은 나
영혼의 기쁨을 체험한 오늘이 행복하여라

1994년 7월 17일
지리산에서

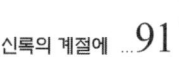

# 병상 일기

9월 21일
영남대학교에 재학 중인 둘째 아들의 자취방에
필요한 짐을 가지고 학교 뒤편 큰 길에서 좌회전을 하다가
어두움으로 인해 도로가 잘 보이지 않아 길을 잘못 들어
순간적으로 승용차가 개울바닥으로 그대로 떨어졌다
운전을 한 남편과 조수석에 탄 둘째는 무사했지만
뒷좌석에 타고 있던 나는 상황판단을 늦게 하여
순간 허리를 움직일 수가 없었다. 밤 9시경 순간적인 사고였다
경산 동산병원에서 척추골절로 8주 진단이 났다
병원에서 집까지 거리가 너무 멀어
간호하는데 불편이 많을 것 같아
응급 처치 후 집으로 와서 침대에 눕기까지의 고통은
표현할 수가 없었다
시내 병원에 입원하기 위해 집에서 하루 밤을
고통 속에서 보냈다

9월 22일
아침에 일찍 oo정형외과에 입원한 후 반드시 누워
하나님의 뜻을 묵상하고 있을 때
다윗의 참회록이 나의 참회록으로 다가오기 시작하였다

내 가슴은 뜨거운 감동으로 떨려 왔으며 잔잔한 평강과 함께
주님 만나는 귀한 시간이 시작되었다

"고난당한 것이 내게 유익이라
이로 인하여 내가 주의 율례를 배우게 되었나이다
주의 입의 법이 내게는 천천 금은보다 승하니이다"
(시편 119:71-72)


9월23일
"나의 달려갈 길을 그가 아시나니 그가 나를 단련하신 후에는
내가 정금같이 나오리라"
욥의 고백이 나의 고백이 됨을 감사하며 고난을 통해
새롭게 변화될 나 자신을 기대하며 퇴원 후
잘 훈련된 믿음의 사람으로 거듭나기를 소망해 본다

"육체의 고난을 당한 자가 죄를 그쳤음이라"는
로고스의 말씀이 레마로 새겨지는 나의 말씀이 되기를
간절히 소망하며 기도한다

"고난당하기 전에는 내가 그릇 행하였더니
이제는 주의 말씀을 지키나이다" (시편 119:67)

병상 일기 ...93

9월 24일
좌우로 움직이지 못하고 바로 누워서 3일을 견디고 난 후
가슴에서 무릎까지 깁스를 했다
이제는 고통이 서서히 사라질 것을 기대하며
나 자신을 돌아보며 조용히 다시 안정을 찾아 본다

"내가 평안히 눕고 자기도 하리니
나를 안전히 거하게 하시는 이는 오직 여호와시니이다"
(시편 4:8절)


9월 25일
좁은 병실에 병문안 오는 할렐루야 찬양대원들과
성도들의 발길이 줄을 잇는다
주의 사랑으로 사랑 받음이 얼마나 고맙고 감사한지…
보잘것없는 나를 귀하게 여기시는 주의 사랑이
어찌 그리 감격스러운지 감사와 겸손을 배우게 된다
사랑 받음이 주의 은혜라 느끼며
성도의 교제가 어찌 그리 아름다운지
진실로 그들을 위해 축복하고픈 감사의 기도가
내 마음을 감동케 한다

"여호와께서 내게 주신 모든 은혜를 무엇으로 보답할꼬"
(시편 116:12)

9월 27일
주의 은혜와 자비와 긍휼이 무궁하시며
하나님의 뜻은 완전하시며 가장 최선의 방법으로
이처럼 나를 사랑하신 주의 기이한 섭리 또한 오묘하여라
예기치 못한 시누님의 소천으로 인해 온 가족들의 마음이 아플 때
나로 인해 그 슬픔을 잠시 잊도록 하시고
가장 적절한 시기에 병실에 눕혀 쉬게 하시고
그 환경을 피할 수 있게 하심은 하나님과 나만의 비밀이며
주의 크신 사랑과 은혜에 감사할 뿐 다른 표현은 할 수가 없다
어쩌면 이렇게 좋은 방법으로 때에 맞게 나를 훈련하시는지
주안에서 나를 돌아보게 하시고
다시 나를 찾을 수 있는 기회를 허락하심을 감사할 뿐이다
이런 와중에서도 나를 안위하시고 지키시는
그 은혜를 무엇으로 보답할꼬

"하나님의 도는 완전하고 여호와의 말씀은 정미하니
저는 자기에게 피하는 모든 자의 방패시로다" (시편 18:30)

9월 28일
깁스베드에 누워 5일이 되었다
척추 카리에스로 13년간 깁스베드 병상에 누워 있었던
『빙점』과 『길은 여기에』의 작가 미우라 아야꼬 여사의
극한 고난 속에서 나온 주옥같은 글이 내 마음을 감동케 한다
또한 뇌성마비 시인 송명희 양의 주님을 찬양하는

보혈의 피가 살아있는 성시도 음미해 보는 귀한 시간들이다
비록 잠시지만 깁스를 한 채 누워 좌우로 움직일 수는 없지만
마음의 감정을 글로 표현할 수 있는 팔을 움직일 수 있음이
진실로 감사하다
가슴에서 무릎까지 깁스로 인해 온몸에 진땀이 나서
깁스한 곳의 가려움을 참아내기가 힘들지만
한여름이 아닌 것 또한 감사할 조건이다
주님께 도우심을 간구하며 감사하며 참는다

"나의 힘이 되신 여호와여 내가 주를 사랑하나이다
여호와는 나의 반석이시오 나의 요새시요
나를 건지시는 자시요 나의 하나님이시요
나의 피할 바위시요 나의 방패시요
나의 구원의 뿔 이시요 나의 산성이시로다" (시편 18:1-2)


9월 29일
주님의 사랑의 방법을 배우며 체험하는 시간이다
희생하는 사랑 용서하는 사랑 베푸는 사랑
주께서 허락하시는 사랑의 법을 가슴에 새겨 본다
나를 나 되게 찾을 수 있는 좋은 기회이다
이 훈련과 연단이 전화위복이 될 것을 믿고 감사드린다
심령의 변화를 통해 평정을 찾으며
비록 누워서 창을 통해 높고 푸른 가을 하늘을 바라보지만
내 눈이 그렇게 맑고 시원할 수가 없다

위로와 평강을 주시는 주님으로 인해 내 마음에 기쁨이 한량없다
합력하여 선을 이루어 주시는 은혜의 주님
어찌 이토록 나를 사랑하시는지 무엇으로 그 사랑 갚으리요
더 좋은 것 주시기 위한 전주곡일진데
내일의 새로운 것을 위해 오늘의 수고와 고통을 참아 보자
새로운 나를 위해 성숙한 믿음으로 변화되는 나를 위해…

> "여호와는 나의 힘과 나의 방패시니
> 내 마음이 저를 의지하여 도움을 얻었도다
> 그러므로 내 마음이 크게 기뻐하며 내 노래로 저를
> 찬송하리로다" (시편 28:7)

### 9월 30일

주어진 환경을 통해서는 안정을 찾을 수 없는 나에게
이 시간들은 내 인생에 중요한 전환점이다
그 환경을 감당할 수 없음을 아시고 최선의 방법으로 때맞추어
허리를 골절되게 하사 눕히시며 쉬게 하시고
그 연단으로 주의 섭리를 깨달으며 자신을 되찾을 수 있는
기회를 주시는 주의 섭리가 신기하고 놀랍다
주께서 무엇을 보시고 나를 이처럼 사랑하시는지
그 은혜를 헤아릴 수가 없다
비록 허리를 골절시켜 병실에 눕혔지만
영혼을 쉬게 하시고 동시에
더 중요한 자신을 찾게 하심을 감사한다

동산병원에서 25년 동안 근무하면서
간호감독으로 근무한 시누님이
출근해서 주위 사람들의 권유로 종합검진 후
위암 판정을 받고 40일 만에 세 번의 수술 후 54세로
천국가신 시누님 때문에 모시고 계시는
시어른들의 슬픔과 고통을 보며
홀로 이겨낼 마음의 여유가 없는 한계에 부딪친 상황이었다
8남매 중 고명딸에 맏이이며 부모님의 기대와 위로가
큰 것은 당연했고 형제들의 의지가 되었던
누님의 비보는 너무나 엄청난 것이었지만
이 사고로 인해서 모든 가족들이 다시 정신을 가다듬는
계기가 되었다
연이은 환난 중에도 은혜주시는 방법이 신기하다
하나님께서 주시는 연단이라 생각할 때
겸손을 배우며 이 고통을 참아야 하는 이유를 깨닫는다
무엇을 보시고 이처럼 날 사랑하시고 연단하시는지
주의 섭리와 그 계획 속에 있는 나를 깊이 만나 본다

"여호와의 율법은 완전하여 영혼을 소성케 하고
여호와의 증거는 확실하여 우둔한 자로 지혜롭게 하며
여호와의 교훈은 정직하여 마음을 기쁘게 하고
여호와의 계명은 순결하여 눈을 밝게 하도다
여호와를 경외하는 도는 정결하여 영원까지 이르고
여호와의 규례는 확실하여 다 의로우니
금 곧 정금보다 더 사모할 것이며 꿀과 송이 꿀보다 더 달도다"
(시편 19:7-10)

10월 2일

깁스 9일째

아직은 더 꼼짝 않고 누워 있어야 한다
그래도 투자할 가치가 분명 있는 것이다
더 큰 희생도 감내해야 할 가치가 있다
내 영혼의 자유를 위해서 말이다
깊은 내면에서의 회개의 뜨거운 눈물은
영혼의 기쁨을 위해 진정 뼈아픈 눈물을 쏟을 가치가 있다
주어진 환경으로 인해 지금까지 인내하며 참아내지 못한
죄와 허물을 회개하며 그 영혼의 자유를 위해 나 오늘을 견디며
주님 주시는 평강으로 인히여 모든 것을 내려놓으며
독선과 아집 속에 살아온 나를 버리며 인내를 배운다
그 영혼의 자유는 말할 수 없는 은혜와 축복이며
하나님께서 내리시는 평강으로 죄 사유함의 기쁨이리라
의인의 삶을 살게 하시되 자만하지 않게 하시고
경건의 삶을 살게 하시되 외식하지 않게 하소서
거룩한 삶을 살게 하시되 교만하지 않게 하시고
주의 교양과 훈계로 가르치사 지혜롭게 하시고
주의 진리로 다스리사 겸손하게 하시고 생활 속에 실천으로
경건하게 성도의 삶을 살게 하소서
이 소중한 기쁨과 평강을 다른 어떤 것으로도 바꾸지 않으며
이 가치를 소중히 여기며 영원히 간직하게 하소서
영혼의 자유와 기쁨을 누리게 하신 주님, 감사합니다

"나의 반석이시오 나의 구속자이신 여호와여 내 입의 말과
마음의 묵상이 주의 앞에 열납되기를 원하나이다" (시편 19:14)

10월 10일
어제나 오늘이나 변함없으신 영원한 주의 사랑
내가 힘들 때 업고 가셨고 내가 찬송 부를 때 동행하시고
내가 기도할 때 은총과 간구의 영으로 응답하시고
내가 믿음 없는 자리에 있어도 이끌어 주시고
내가 약할 때 더 귀히 여기시고
염려하시며 지키시며 사랑하신 주님
언제 어디서나 부를 때 응답하시며 나의 숨결에 함께하시며
나의 신음에도 귀 기울이시며 날 사랑하시며 위로하신 주님
병상에 찾아 오사 나와 함께하시고 끝까지 붙들어 주신
주의 은혜를 무엇으로 감사를 드리며 표현하리요
주님, 감사합니다

"너의 하나님 여호와가 너의 가운데 계시니
그는 구원을 베푸실 전능자시라 그가 너로 인하여
기쁨을 이기지 못하여 하시며 너를 잠잠히 사랑하시며
너로 인하여 즐거이 부르며 기뻐하시리라 하리라" (스바냐 3:17)

10월 15일
깁스 20일째 주의 능하신 팔이 나를 안위하셨나이다
주의 사랑이 나를 감동케 하시나이다

이런 은혜가 어디 있으리요
주께서 눈동자같이 사랑하심이 아니고는
어떻게 이렇게 경한 사고이리요
남편과 둘째가 무사한 것이 얼마나 감사한지
다시 한번 깊이 깨닫고 감사드립니다
주의 섭리가 기이합니다
이만하게 하시오니 감사하고 감사하나이다
강퍅하고 교만하고 미련한 나를 무엇보시고
이처럼 사랑하시는지
하나님의 크신 사랑과 섭리는 오묘하셔라
어떻게 이렇게 철저하게 섭리하시는지
더 이상 참을 수 없는 한계성에 부딪친 나를
위로할 다른 방법이 없음을 알고 나를 병실에 눕혔지만 이것은
하나님의 위로의 방법으로 가장 적절한 시기에
가장 최선의 방법으로 나를 업고 가시는 한량없으신
사랑의 표현이라 믿어 의심치 않는다
그러기에 그 사랑으로 이 고통을 감사하며 잘 견딜 수 있음이다
그 사랑, 그 은혜 무엇으로 표현하리요
독생자를 대속 재물로 주신 다함이 없는 넘치는 사랑이리라
허물 많고 부족한 나를 어찌 이처럼 사랑하시는지
그 사랑의 감동을 어찌 표현하며 감사드릴지
다만 하나님의 사랑을 깨달으며 훈련받는 것이
축복임을 감사할 뿐이다
하나님의 섭리는 오묘하셔라
하나님의 방법은 완전하시며 오류가 없으시며

적절한 시기에 완벽하게 최선의 방법으로
나를 나 되게 훈련하시니 감사하나이다
사랑하는 그의 자녀를 연단하사 훈련하시며
주의 성령으로 믿음의 사람으로 다듬어 가시며 고치시니
환난 중에 만난 참 좋으신 하나님
이제는 높은 곳이 낮아지고 모난 곳이 다듬어지고
고르지 않는 곳이 평탄케 되고 주께서 이끄시는 대로 훈련받아
주의 마음에 합의한 자가 되게 하실 줄 믿는다
내 입의 고백은 감사뿐 다른 표현을 할 수가 없다
주의 섭리를 어찌 헤아리며 그 뜻을 피할 자 누구며
그 뜻에 불순종할 자 누구리요

"내가 주께 감사하옴은 나를 지으심이 신묘막측하심이라
주의 행사가 기이함을 내 영혼이 잘 아나이다" (시편 139:14)

## 10월 16일

감당할 시험을 허락하신 주께 감사드린다
한달 가까이 입원하며 지금까지 깁스베드에 누워있는
나를 간호해 주신 친정엄마와 남편에게 한없이 고맙지만
미안하고 부끄럽기도 하다
두 팔은 누워 움직일 수 있지만
밥도 도움을 받아야 먹을 수 있기에
모든 것을 누워서 해결해야 하는 형편에서 도움을 받아야 하므로
간병하신다고 고생한 엄마와 남편께 감사할 뿐이다

하나님께서 훈련시키니 당할 수밖에
그래도 평강 주시니 감사한다
그래도 이만하게 하시니 감사할 뿐
나의 허물 많고 완악하고 교만함을 이 정도로 경하게 훈련하시고
영혼을 쉬게 하사 나를 위로하시고 회복케 하시고
새롭게 나를 찾게 하심을 감사드리고 감사한다

> "보옵소서 내게 큰 고통을 더하신 것은
> 내게 평안을 주려 하심이라 주께서 나의 영혼을 사랑하사
> 멸망의 구덩이에서 건지셨고
> 나의 모든 죄는 주의 등 뒤에 던지셨나이다" (이사야 38:17)

10월 17일
만 28일간 가만히 누워 있다가 오늘 깁스를 떼어 내었다
예상보다 빨리 회복이 되었다
그 사랑의 깊이를 깨닫게 하시고
또 빨리 치료시켜 주심도 감사드린다
그러나 아직은 앉을 수 없다 어지러워서 힘이 든다
잠시 앉았다가 눕고 조금씩 훈련을 한다

> "여호와여 주께서 나를 감찰하시고 아셨나이다
> 주께서 나의 앉고 일어섬을 아시며
> 멀리서도 나의 생각을 통촉하시오며
> 나의 길과 눕는 것을 감찰하시며

나의 모든 행위를 익히 아시오니
여호와여 내 혀의 말을 알지 못하시는 것이
하나도 없으시니이다" (시편 139:1-4)


## 10월 20일
2-3일 훈련 속에 이제는 앉아 있기가 조금은 편하다
아직 서지는 못한다


"나는 빛도 짓고 어두움도 창조하며
나는 평안도 짓고 환난도 창조하나니
나는 여호와라 이 모든 일을 행하는 자니라 하였노라"
(이사야 45:7)


## 10월 23일
벽에 기대어 조금씩 일어서고 걷기를 훈련하면서
한발 한발 조심스럽게 발걸음을 옮길 때 이제 내 영혼도
다시 새로운 은혜로 성숙한 믿음의 사람으로
새 출발을 시작해 본다
하나님의 능력으로 새롭게 변화되기를 소망하면서
진리의 파수꾼의 사명을 잘 감당하는
주의 기뻐하시는 자녀가 되기를 다짐해 본다


"여호와여 내가 주를 불렀사오니 속히 내게 임하소서
내가 주께 부르짖을 때에 내 음성에 귀를 기울이소서

나의 기도가 주의 앞에 분향함과 같이 되며
나의 손드는 것이 저녁 제사같이 되게 하소서
여호와여 내 입 앞에 파숫군을 세우시고
내 입술의 문을 지키소서" (시편 141:1-3)


10월 26일
입원 35일 만에 마침내 퇴원하다
시편 23편으로
위로를 받으며 잘 훈련된 주의 군사가 되리라 다짐하며
나보다 나를 더 잘 아시는 주님께 모든 것을 맡긴다

"여호와는 나의 목자시니 내가 부족함이 없으리로다
그가 나를 푸른 초장에 누이시며
쉴만한 물가으로 인도하시는 도다
내 영혼을 소생시키시고
자기 이름을 위하여 의의 길로 인도하시는 도다
내가 사망의 음침한 골짜기로 다닐지라도
해를 두려워하지 않을 것은
주께서 나와 함께 하심이라
주의 지팡이와 막대기가 나를 안위하시나이다
주께서 내 원수의 목전에서 내게 상을 베푸시고
기름으로 내 머리에 바르셨으니 내 잔이 넘치나이다
나의 평생에 선하심과 인자하심이 정녕 나를 따르리니
내가 여호와의 집에 영원히 거하리로다"
할렐루야, 아멘

1994년

## 영혼의 소리

내 영혼을 울리는 세미한 소리가 있습니다

의인의 삶을 살게 하시되
판단하지 않게 하시며
경건의 삶을 살게 하시되
외식하지 않게 하소서

겸손한 삶을 살게 하시되
교만하지 않게 하시며
지혜로운 삶을 살게 하시되
자랑하기 않게 하소서

증인의 삶을 살게 하시되
자만하지 않게 하시며
믿음의 삶을 살게 하시되
과시하지 않게 하소서

나의 의가 상대방에게
상처 되게 않게 하시며
나의 선이 상대방에게

걸림돌이 되지 않게 하소서

이 영혼의 소리가
공허한 울림이 되지 않으며
확실한 증거로
실천이며 생활이게 하소서

                                            1994년 10월 2일

## 희년의 묵상

주님
여호와의 성산에서 명하신
일곱 안식년
에덴을 회복하는 축복의 희년입니다
창조의 뜻대로
자유와 평등
평화와 기쁨
위로와 용서
회복과 안식
사랑에의 환원입니다

주님
빈손 높이 듭니다
주신 복을 헤아려
감사할 줄 알게 하시며
회개의 뜨거운 눈물을 쏟으며
묵은 땅을 기경하게 하시고
화목 재물로 오신
주님의 십자가 사랑으로
교회들이 하나 되는 역사로

희년의 열매를 맺게 하소서

주님
스올같은 일제의 풀무불 속에서도
동족상잔의 아픈 비극 속에서도
이 땅에 흘린 순교자의 피를 기억하사
기드온 삼백 용사를 예비하시고
바알에게 무릎 꿇지 않은
칠천 명을 남기심같이
말세에 이 민족을 쓰시고자
예비하심을 감사하나이다

주님
이산가족의 눈물의 기도를 들으시고
남과 북이 복음의 띠로 하나 되게 하사
주의 예비한 평화를 허락하시며
이 민족의 숙원인 통일의 기적을 주사
주의 구원을 다함께
즐거이 노래하게 하소서

주님
성전의 두 기둥 야긴과 보아스같이
두 분의 총회장을
반석 위에 든든히 세우시고
믿음의 역사와

소망의 인내와
사랑의 수고로
해방과 함께한 동부교회 설립 오십 년
에벤에셀의 여호와를 찬양하나이다
이제 희년의 뜻을 깊이 묵상하며
백년을 바라보며 나아가게 하소서

주님
은혜와 축복의 희년입니다
희년을 맞는 몸 된 교회가
열방을 향하여
주의 길을 예비하는 복음의 불꽃이 되어
활화산처럼 뜨겁게 타오르게 하소서
나 여기 있나이다
나 여기 있나이다

1995년 10월 18일

## 작은 옹달샘

내 마음
깊지도 넓지도 않는 작은 옹달샘
마르지 않는 말씀의 생수가 솟아남은
은혜이며 축복입니다

드러나지도, 화려하지도 않는 작은 옹달샘
오늘도 갈증을 씻어 주는 생명의 샘물로
영혼이 맑고 시원함으로
아름다운 보석이 되어 살아납니다

오로지 주님만 우러러보는 작은 옹달샘
영원히 솟아나는 성령의 샘물에서
오늘도 목마름 다시없는 생수를 퍼 올리며
풍성한 은혜에 기뻐합니다

> "내가 주는 물을 먹는 자는 영원히 목마르지 아니하리니
> 나의 주는 물은 그 속에서 영생하도록 솟아나는
> 샘물이 되리라" (요한복음 4:14)

1995년

## 10cm의 은혜

대학부 3학년 이원국

무덥던 여름을 뒤로 한 채 군에서 4번째 맞는 진지공사
2주간에 걸쳐 철조망 지대 설치를 하게 되었다
철조망 설치에 앞서 벌목작업과 지뢰탐지를 해야 한다
군장을 결속하고 00봉을 향해 행군을 시작했다
5시간 정도의 짧은 산악 행군이지만 쉽지 않은 길이다
그곳 막사에서 2주간 지낼 준비를 마치고 내일부터 있을
벌목작업을 위해 휴식을 취했다

다음날 작업도구를 가지고
00고지 일대에 철조망 설치 지역으로 향했다
험한 길을 헤치고 목표지점에 도착하니
미리 벌목작업을 해둔 곳이 있었다
그곳에서 계속해서 벌목작업을 하기 위해 앞으로 이동해 갔다
바위가 많은 곳이었다
지뢰가 있다는 것을 알지만 미리 벌목작업을 해 둔 곳이라
안전하리라 생각하며 바위를 밟으며 이동했다
"원국아 멈춰라. 지뢰다."
동기인 근호의 말이었다. 난 발걸음을 멈추려고 했지만
지뢰를 향해 한발이 다가서고 말았다

주위의 시선이 모아지고 약간의 정적이 흘렀다
조용히 아래를 내려다보았다
바위틈에 압력뿔 3개가 완전하게 튀어나온 지뢰가
오른발 10cm 뒤쪽에 있지 않은가
휴, 긴 한숨이 나왔다
그제서야 지뢰탐지기를 작동해 탐지하며 이동해 갔다
3미터 간격으로 계속해서 지뢰가 발견되었다

결국 그 지역의 철조망 설치를 백지화하고 철수하게 되었다
돌아오는 길에서도 꽤 많은 지뢰가 있었다
그날 총 38개의 지뢰와 불발탄이 발견되었다
이곳에서는 쉽게 예상되고 빈번한 일이라
웃으며 넘기는 일이지만
혹시나 내가 10cm만 잘못 밟았으면 터졌을지도 모를 일이다
터지지 않는다고 장담할 사람은 아무도 없다
10센티미터의 은혜로
엄청난 하나님의 사랑과 도우심을 경험했다
내 삶의 의미를 한번 생각하게 하는 순간이었다
"교만하고 부족한 저를 만드시고 가꾸어 가시는 주님
삶의 목적을 알게 하시고 준비하게 하소서"

1996년 11월

대학부 돌샘회지에서

## 사랑하는 아들아 1

"여호와는 네 그늘이 되시나니
낮의 해가 너를 상치 아니하며
밤의 달도 너를 해치 아니하리로다
여호와께서 너를 지켜 모든 환난을 면케 하시며
또 네 영혼을 지키시리로다
여호와께서 너의 출입을 지금부터
영원까지 지키시리로다" (시편121:5)

이 말씀으로 너와 내가 위로를 받으며
하나님의 은혜를 다시 한번 감사드리면서 편지를 띄운다

겨울 내내 영하20도를 오르내리는 향로봉 고지에서
불철주야 국방의 의무를 수행하는 나의 아들 원국아
너를 군에 입대시켜 놓고
이렇게 가슴 조이며 염려해 보긴 처음이구나
9월 18일 동해안에 잠수함을 이용한
무장공비 26명 침투사건 이후
공비 소탕작전 50일 되던 날 너희 부대 향로봉 대대에서
1000M 남짓 떨어진 용대리 자연휴양림에서
26명의 무장공비 가운데
마지막 남은 3명 중 2명의 공비가 사살됨으로

잠수함을 이용한 침투공비 소탕작전은
큰 희생을 치르고 사실상 끝이 났구나
면회 갈 때마다 그 휴양림에서
네가 좋아하는 음식도 준비해서 먹으면서
나무 그늘에서 많은 이야기도 나누고
비가 올 때는 휴양림 입구 연화교 밑에서
맑은 계곡의 물소리를 들으며 식사하던 그곳이
마지막 공비 소탕 작전의 피비린내 나는 격전지가 되었구나

50여 일 동안 염려와 걱정 속에 기도의 무릎을 꿇다가
작전이 종결되자마자 아빠와 함께 너에게 면회 가서
격전의 현장에 들렀을 때 만감이 교차되었다
초소에 총알의 흔적과 깨어진 유리창과
소나무 숲 주위에는 사살된 공비가 있었던 장소에
꽂아놓은 깃발의 흔적이 그 참상을 설명해 주고 있었고
때마침 전사한 대위의 미망인과 자녀들과
군인들이 탄 지프차가 도착을 했다
천진한 어린 아이들은 아무것도 모르고 장난을 치며 뛰어다니고
설명을 듣는 미망인의 애끓는 흐느낌은
혼자만의 슬픔이 아니라
우리 모두의 슬픔이며 아픔이었다

생명의 존엄성은 다 같지만 oo 일병에 비한다면
그래도 대령과 대위와 상병의 전사는
명예로운 순직이라 생각되어 그나마 위로를 받는다

잠깐 나갔다가 당한 oo 일병을 생각하면
같은 병사의 아들을 둔 엄마로서
그 안타까움은 이루 말할 수 없는 아픔으로 가슴이 저려온다

50일간 연인원 200만 명 이상의 군 병력 및 경찰들의 출동과
그 가운데 내 아들 원국이도 50일간 비상사태 속에서
수색과 매복을 하면서 비상식량으로 추위를 참으며
죽음의 위험 앞에서 힘겹게 견디어 온
그 순간의 절박함을 누가 알 수 있으랴

그 와중에도 일부 국회위원들과 졸부들은
보신 또는 호화 해외관광으로 TV와 신문지상을 어지럽히며
우리를 부끄럽게 하며 씁쓸하게 만들었다
또한 엘리트를 양성하는 대학에서는 시대의 흐름을 외면하고
현실을 직시하지 못한 한총련 소속의 소수 대학생들의
난동 또한 이 시점에서 우리를 더 실망시키며 분노케 하였다

침투 공비 중 한 사람이라도 생포하여
공비들의 규모와 목적을 파악할 수 있어서
작전에 많은 도움이 되어 천만 다행이었지,
무작정 작전을 했더라면 어찌할 뻔 했을까
그래도 우리 민족을 사랑하시는
하나님의 섭리와 은혜가 얼마나 감사한 일인지…

원국아

50일간 많은 어려움을 겪었지만
나라와 국민의 생명을 위해 임무에 충실한
내 아들 원국이가 얼마나 대견하고 자랑스러운지 모른다
아버지 역시 무장공비 침투가 유난히도 심했던
60년대 말경 김신조 무장간첩 침투사건 이후
GOP 부대에서 장교로 군복무를 했었기 때문에
군인은 힘이 들고 고생을 해도 전방에서 근무해야
군인의 참 모습을 알 수 있고 보람이 있다면서
네 걱정을 하면서도 네 형도 전방에서 근무하였고
두 아들 모두 전방에서 군 복무를 할 수 있음을
자랑스러워하고 계셨었다

이번 사건으로 잃은 것이 엄청나지만
얻은 것 또한 없지는 않다고 생각한다
전화위복이라고 할까
북한 공산집단의 실체를 경험하는 계기가 되어
불행 중 다행이라 여겨지며
"공산당이 싫어요." 라는 이승복 어린이의 절규가
귓가에 들리는 듯하다

사랑하는 아들아
10cm의 은혜라는 돌샘지에 보낸 너의 글을 읽고,
주께서 원국이를 눈동자 같이 지키시고 앞서 행하시어
지뢰의 위험 가운데서도 피할 길을 주시며

힘들고 어려울 때 더 가까이 함께하시는
주님의 은혜가 경이롭구나

아들아
너는 생사를 걸고 나라를 지키는데
이 엄마는 너무 안일하게
사소한 나만의 문제를 갖고 힘들어하고 있구나
이제 나태함과 게으름을 돌이키고
부끄러운 엄마의 믿음을 회복하며
새롭게 변화된 생활을 다짐한다

> "여인이 어찌 그 젖 먹는 자식을 잊겠으며
> 자기 태에서 난 아들을 긍휼히 여기지 않겠느냐?
> 그들은 혹시 너를 잊을지라도 나는 너를 잊지 아니할 것이라
> 내가 너를 손바닥에 새겼고" (이사야 15:15)

내 주는 살아 계시고 아들의 숨결에 함께하시는
여호와께 찬양 드리며
감격과 감사로 기도의 무릎을 꿇는다
엄마의 기도가 아무리 간절한들
하나님의 사랑에 비할 수 있으랴
다만 엄마는 기도할 뿐
언제나 하나님의 사랑과 은혜를 생각하면
가슴깊이 전해오는 감동과 감격을
다 표현할 수 없어 할 말을 잊는다

원국아

이제 6개월 후 전역할 때까지 건강하고

성실하게 최선을 다하는 군인이 되기를 바란다

하나님의 훈계로 잘 양육되어

주께서 기뻐하시는 지혜로운 아들이 되기를 기도하며

"주께서 심지가 견고한 자를 평강에 평강으로 지키시리니

이는 그가 주를 의뢰함이니이다"

이사야서 26장 3절 말씀으로 펜을 놓는다. 샬롬

1996년 11월

사랑하는 엄마가

*《돌샘》 동부교회 대학부 회지에서

## 신실한 크리스천

"지극히 높은 곳에서는 하나님께 영광이요
땅에서는 기뻐하심을 입은 사람들 중에 평화로다"

우리를 죄에서 구원하신 그 이름 예수 그리스도
구주의 탄생을 기뻐하며 경배를 드리는 이곳에
말구유에 임하셨던 하나님의 영광이 임하사
우리의 굳게 닫힌 마음의 문을 열어 주시어
임마누엘의 하나님으로, 평화로 오신 예수를
심령 깊은 곳에 모셔 드리게 하소서

질그릇같이 연약한 우리의 체질을 아시며
나를 나보다 더 잘 아시는 창조주 하나님
하늘의 존귀하신 영광을 버리시고 우리를 높이고
존귀케 하기 위해 육신을 입으시고 스스로 낮추시며
낮고 천한 말구유에 우리의 모습으로 찾아오신 예수님
그 한량없으신 사랑을 어찌 다 표현하리요

그 사랑 감당하기엔 우리의 심장이 너무 작아서
가슴이 벅차오릅니다
우리를 잠잠히 사랑하시고 오래 참으시는 깊고 넓은 사랑,

그 사랑의 감격으로, 온유함으로, 겸손함으로,
주 섬기는 일에 신실하게 하시며 몸과 마음과 정성을 다해
맡겨진 일에 충성으로 봉사하게 하시며
주의 마음에 합의한 자로 이끌어 주소서

구주의 탄생을 기뻐하며 한 마음으로 촛불을 밝힙니다
자신을 태워 소리 없이 희생하며 어두움을 밝히는 촛불처럼
세상의 어두움을 밝히며 불의와 타협하지 않으며
공의를 행하는 참 신앙인의 자리에 서 있는
신실한 크리스천이 되게 하소서

이번 성탄절엔 아기 예수의 새 생명이
우리들의 가슴마다 탄생되게 하시고
심령 깊은 곳에 아기 예수를 모셔 드리도록
성령의 은혜로
우리들의 심령을 새롭게 변화시키시어 준비되게 하소서
독선과 아집, 외식과 형식,
심령 깊은 곳에 도사리고 있는 고쳐지지 않는 나쁜 습관들,
이런 모든 단점들이 고쳐지는
비둘기 성령의 은혜를 허락하시어 믿음과 지혜로
이 성탄절에는 성숙한 신앙인의 자리에 서 있게 하소서

내가 할 수 있는 작은 것부터 실천하며
사소한 작은 봉사에도 의미 있게 하시며
신실함과 한결같은 믿음으로 살게 하소서

내가 행하는 모든 선한 것이
하나님으로부터 내리는 은혜임을 알아
나의 선이 나타나지 않게 하시며
나의 의가 과시되지 않게 하사
교만한 마음을 내려놓게 하소서
믿음과 행함이 일치하는 사랑과 용서를 실천하는 주의 자녀답게
강하고 담대함으로 세상을 이기게 하시고
빛으로 소금으로 살 수 있도록 말씀으로 말씀하사
주의 능력을 입혀 주소서

"나는 인애를 원하고 제사를 원치 않으며 번제보다
하나님을 아는 것을 원하노라" 하신 말씀으로
부활의 주님, 평화의 왕, 만왕의 왕으로 다시 오실
주님을 깊이 묵상하며
주 오신 성탄에 무릎을 꿇으며 기도의 두 손을 모으게 하소서
"기쁘다 구주 오셨네 만백성 맞으라"
할렐루야, 아멘

2001년 12월<br>
YWCA 성탄절 성시

## 눈물의 의미

그제는
허망된 욕망으로 자신의 안일만을 위해
세상적인 일에 눈물로 통곡하며
의미 없이 슬프게 울었습니다

이제는
주안에서 나를 발견하고 자랑과 욕심과 교만으로
회개의 부끄러운 눈물을
애통해 하며 아프게 울었습니다

오늘은
사죄의 은총으로 심령을 씻어 내리며
은혜의 뜨거운 눈물을
감격 속에서 한없이 울었습니다

이제는
내 영혼 날마다 자유와 평강을 누리며
영광의 보좌를 향해
감사의 눈물을 쏟겠습니다

2002년 5월

## 성화

어제는
목소리 높이며 독선과 아집 속에
그렇게도 교만하게
의미 없는 소리를 높였습니다

오늘은
나의 나 된 것을 주님의 은혜로 알아
교만함을 깨닫고 고개 숙이며
나직한 소리로 목소리를 낮춥니다

이제는
낮은 심령으로 부끄러운 자신을 돌아보며
주님의 온유와 겸손을
배우고 익히렵니다

앞으로는
새롭게 된 영혼으로 의미 있고 아름답게
간사함이 없는 신실한
참 이스라엘 사람이고 싶습니다

2002년 5월

## 나 오늘

나 오늘
하루를 열면서
주의 사랑으로 인하여
구원의 기쁨을 누리며 행복할 수 있기에
감사합니다

나 오늘
바른 가치관으로
무엇이 소중하며 우선인지를 분별하며
신령한 은혜를 사모할 수 있기에
감사합니다

나 오늘
성령의 은혜로
부족하고 허물뿐임을 깨달으며
겸손함을 배울 수 있기에
감사합니다

나 오늘
십자가 보혈의 필연성에

사죄의 은총으로 씻음 받으며
사랑과 용서의 의미를 깨달을 수 있기에
감사합니다

나 오늘
언제 어디서나 부를 때 응답하시는
주님의 음성으로 인해 기뻐하며
위로 받을 수 있는 은혜가 있기에
감사합니다

나 오늘
나보다 나를 더 잘 아시는 하늘에 계시는
하나님을 나의 아버지로
한없이 부를 수 있는 특권과 자유가 있기에
감사합니다

나 오늘
파아란 하늘을 우러러 보며
주님의 이름을 나직이 불러보며
눈물을 글썽일 수 있는 잔잔한 감동이 있기에
감사합니다

나 오늘
나의 나 된 것은 주의 은혜임을 알아
낮은 심령으로 내 영혼이 새롭게 변화되며

주님 더 가까이 갈 수 있기에
감사합니다

나 오늘
과분한 욕심을 버리며
작은 것에 감사하며 감동할 수 있는
자족할 수 있는 영혼의 기쁨이 있기에
감사합니다

나 오늘
하루를 닫으며
부활의 소망되신 주님께
내 영혼을 맡기며 평강을 누릴 수 있기에
감사합니다

2002년 8월 25일

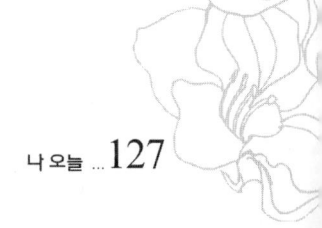

## 부르심의 하나님

사랑하는 아들 원직아
먼저 여기까지 인도하신 에벤에셀의 하나님을 찬양 드리며
그 은혜와 크신 사랑에 감사드린다
부족하고 허물 많은 어미가 무엇을 소원하며
하나님께 어떻게 기도를 할 수 있으랴 만은
영혼을 살리는 말씀의 사역자의 길을 선택한 너에게
엄마가 할 수 있는 것은 다만 하나님의 뜻을 분별하며
하나님께서 기뻐하시는 주의 종이 되기를 기도할 뿐이다

직장을 그만두고 목회의 길을 가려는 너에게
쉽게 결정하는 길이 아니기에
선뜻 허락하지도 못하고 말리기도 했지만
밤 지새며 대화하는 중에 너의 뜨거운 그 열정에
반대만은 할 수 없었다
하나님의 뜻이라면 거역할 수 없지만
기도의 밑거름이 되기에는 믿음이 부족한 어미가
기도의 무릎이 강하지 못해서 얼마나 두렵고 떨렸었는지
그리고 그 후 금요일 철야기도회 때
감히 마라아의 송가로 응답받고
순종할 수밖에 없는 은혜를 체험한

그 때의 감동은 표현할 수가 없구나
지금도 널 위해 무릎 꿇으면 성령의 감동으로 은혜가 회복될 때
하나님의 사랑과 은혜가 물밀듯 임하며
간절한 마음으로 주의 은혜로 기도할 수 있음이
감사하며 감격할 수밖에 없다

하나님의 성전에 나실 인으로 택함 받은
기도의 선지자 사무엘처럼
또한 다윗처럼 하나님의 마음에 합의한 자로 훈련받아
귀하게 쓰임 받는
주의 종이 되기를 원하며 간절히 기도한다

이제는 하나님의 사람으로 지명하여 부르신 부름에 합당한
주의 종으로 쓰임 받는 목사로 일평생 살아가겠지만
믿음 없는 어미가 안쓰럽고 가슴 아리는 짠한 마음이
나의 아들로서 바라보는 인간적인 약한 심정이 될 때도
가끔은 있다
그렇지만 그것은 잠시뿐 무릎 꿇으며
주께서 은총과 간구의 영을 부어 주사
하나님께 모든 것을 맡길 수 있는 힘을 공급 받을 때는
그 은혜가 얼마나 감사한지 표현할 수가 없다
하나님께서 부르셨으니 감당할 능력도 주시리라 믿으며
다만 이 엄마는 모든 것을 주님께 맡길 뿐이다

이제 목사 안수를 받는 너의 앞길에

여호와의 인자하심과 선하심이 영원하리라 믿으며 확신한다
처음 신대원에 입학한 그 마음, 그 각오, 그 감동을
평생 잊지 말고
처음 사랑을 소멸치 말기를 원하고 원하며 기도한다

사랑하는 아들아
세상의 학문을 연구하는 것도 아니고
세상의 지식을 감당하는 것도 아니며
육신을 치료하는 의술은 아니지만
영육을 치료하는 동시에 무엇보다 소중한 영혼을 살리는
귀한 사역이기에 더 두렵고 떨림으로 감당하며
하나님과 성도 앞에 늘 신실한 청지기가 되기를
소원하며 기도할 뿐이다

언제나 주님 뒤를 따르며 섬기는 자세로
하나님의 영적 권위 앞에 겸손하며
가난한 심령으로 영혼을 사랑하며
성령의 감동을 소멸치 않도록 늘 깨어있는
말씀과 기도의 목사가 되기를 소원한다

언제나 성도들에게 십자가의 보혈이 살아있는 생명의 말씀으로
구원에 이르도록 부활의 소망을 전하며
늘 새로운 대언의 말씀으로
상한 심령을 위로하며 치료하며 새롭게 변화시키는
귀한 말씀을 준비하여 성도들의 영혼이 갈하지 않도록

푸른 초장 잔잔한 물가로 인도하는 선한 목자로
기도의 무릎이 강한 성령 충만한 목사이기를 원한다
사람 앞에 인정받기보다는
하나님께 인정받는 참 목자가 되기를 소망하며 기도한다

때로는 힘들고 어려운 시련이 있을 찌라도
주님의 십자가만을 바라보면서 하나님께 모든 것을 맡기고
부르심의 소명을 깊이 묵상하고 간절히 기도하고 인내하면
말씀으로 승리한 믿음의 조상들처럼 승리하리라 믿는다
또한 명예와 물질과 이성에 깨끗한, 겸손한 주의 종을
주께서 귀히 쓰시며 기뻐하시고
그에게 성령의 권능을 허락하심을 확실히 믿는다
사랑받으며, 존경받으며, 인정받는
자존감을 가진 목사이기를 바란다
너무 많은 것을 요구하며 바라는 것이 엄마의 욕심일까
앞으로는 목사인 너에게
말씀으로 은혜를 받아야 하는 성도이지만
아직은 어미의 노파심이 생긴다

오직 주의 길을 예비하며 헌신하는 너의 길에
하나님의 뜻이 이루어지도록 깨끗한 그릇으로 준비된
말씀을 우선순위 제일로 여기며 주님의 성품을 본받는
귀한 겸손한 목사가 되기를 바란다
우리 가문에 대를 이어 주의 종이 나오기를 기도하신
할아버지, 할머니의 그 기도가

원직이 너를 통해 응답이 되었구나
할아버지께서는 동부교회 시무 장로로 봉사하시면서
늦게 소명을 받으시고 신학교를 졸업하셨다
동부교회에서 개척한 옥포 반송교회에서 목회하시면서
교회를 부흥시키시고 새 성전 건축과 교육관 건축을 하시며
12년간 목회를 하셨다
그 기도의 밑거름이 오로지 주의 종으로 헌신하는
너의 앞길을 빛으로 인도하리라 믿는다
이제는 하나님께 모든 영광을 돌려 드리며
인간적인 염려와 걱정을 내려놓고 진리 안에 자유하며
모든 것을 맡길 수 있도록 위로와 평강 주신
하나님께 다시 한번 깊이 감사드리며 기도의 무릎을 꿇는다

사랑하는 아들 목사 이원직
사랑하는 큰 며느리 구나영
사랑하는 손녀 이예원
하나님의 기쁨이 되고 사람 앞에 존경과 사랑을 받으며
아름다운 가정을 이루어 나가기를 바란다

> 2003년 9월 17일 범어 교회에서
> 목사 안수를 받는 아들에게

## 성찬 2

주의 은혜로 값없이 성찬을 받습니다
강퍅한 마음, 교만한 마음
떡과 잔을 받으므로 병든 영혼이
회개의 뜨거운 눈물로 치료함을 받습니다

주의 은혜로 값없이 성찬을 받습니다
죄와 허물로 상한 심령은
사랑의 떡과 잔을 받으며
새롭게 변화되어
새 능력과 새 힘을 공급 받습니다

주의 은혜로 값없이 성찬을 받습니다
흘려주신 귀한 보혈로
주님 형상 회복하며
주님께 더 가까이 가는
성숙한 믿음으로 살기를 다짐합니다

2003년 11월

## 겟세마네의 기도

긴 시간 기도를 드렸습니다
그래서 스스로 위안을 받았습니다
그러나 실은 바리새인의 기도였으며
진실된 영혼의 기도가 아니었습니다
성령의 감동이 없었고 보혈의 피가 없었습니다
세리의 통회의 기도가 아니었습니다
겟세마네의 간절한 기도가 아니었습니다

고난의 쓴 잔 겟세마네의 기도가 없으므로
가슴이 냉냉한 형식적인 기도이고
허공을 헤맨 응답이 없는 기도이며
영혼을 속이는 외식적인 기도였습니다
긴 시간 기도하는 것으로 스스로 자만하며
성령의 기름 부으심이 없는 독백이었습니다.
형식적이라도 오래 기도할 수 있는 것으로
위안을 삼는 나에게 내가 스스로 놀라고 있습니다
주여, 믿음 없음을 고백합니다. 주여, 용서하소서
하오나 사랑의 십자가가 내게 있음을 감사하나이다

"아바 아버지여!" 주께서 울부짖을 때

땀이 핏방울이 되듯이 힘쓰고 애써 간절히 부르짖던
겟세마네의 기도를 가슴 깊이 되새깁니다
옷을 찢지 않고 마음을 찢는 뜨거운 영혼의 기도를
회복하는 성령의 감동을 주시어
겟세마네 기도의 산실로 기쁘게 들어가게 하소서
언제나 주님과 영교하는 응답받는 믿음의 기도를 허락하시며
겟세마네의 주님의 기도를 닮는 간절한
기도의 무릎을 꿇게 하소서

"가라사대 아바 아버지여, 아버지께는 모든 것이 가능하오니
이 잔을 내게서 옮기시옵소서
그러나 나의 원대로 마옵시고 아버지의 원대로 하옵소서"
(마가복음 14:36)

"예수께서 힘쓰고 애써 더욱 간절히 기도하시니
땀이 땅에 떨어지는 피 방울 같이 되더라" (누가복음 22:44)

2005년 4월

## 강단 꽃 장식

하나님의 말씀이 선포되는 지성소를
꽃으로 아름답게 장식하는 미화부는
매 주일 여러 종류의 꽃으로 변화를 주면서
강단을 아름답게 섬기는 손길의 달란트로
하나님과의 아름다운 교제로 기쁨을 누린다

자신의 재능에 따라 감동과 은혜대로
한 주일씩 맡아서 장식한다
200~300송이 꽃을 다듬고 3~5시간 정도
꽃송이 하나하나 꽂을 때의 정성은 참으로 아름답다
그 아름다운 손길의 수고를
하나님께서 받으시리라 믿으며
기도하는 마음으로 준비하며 봉사에 임한다

한 송이 한 송이마다 특징이 있고 아름다움이 있다
때로는 주인공의 꽃으로 사용되기도 하고
보조 역할의 꽃으로서
주인공을 돋보이게 하는 꽃도 있지만
꽃는 사람의 취향에 따라 뒤바뀌게 되기도 한다
하지만 결국은 마지막 아름다움의 절정은

하나님의 지성소에서 희생하는 꽃으로
헌신되며 받들어지는 것이다
나타나는 꽃이나 드러나지 않는 꽃이나
세워지는 위치에서 다함께 조화를 이룰 때
주님은 함께 받으시며 기뻐하신다

강단 꽃꽂이의 일원으로서 자부심을 갖고
서로의 의사를 존중하고 양보하며
화목과 조화를 이루어 자원하는 심령과 감사함으로
봉사에 임해야 함을 시간이 갈수록 더 깊이 깨닫게 된다
장미는 자신을 보호하기 위해 가시를 갖고 있지만
장식을 하다가 보면 꽃송이를 다치게 할 때도 있고
장미의 가시에 손을 찔릴 때도 있다
꽃을 돋보이게 하는 소재로 쓰이는 재료 중에는
전지가위나 톱으로 자르기도 한다
성전 꽃 장식은 아름다운 만큼 쉬운 일만은 아니다
수고 뒤의 아름다움인 만큼 보람도 뒤따른다는
단순한 진리를 다시 생각하게 한다

다듬어서 꽃 장식을 하고 나면
잘라 버려진 줄기와 잎들이 어지럽게 흩어져 있지만
서로서로 앞 다투어 치우기에 바쁘며
먼저 더 많은 일을 하려고 애쓰는 심성을 볼 때
그 영혼들이 얼마나 귀하고 아름다운지
하나님께서는 얼마나 기뻐하실까

어떤 집사님은 보조자로서의 맡은 일을
잘 할 수 있도록 기도하면서 기쁘게 순종하며 봉사한다
또 다른 집사님은 사정에 의해 봉사할 수 없는 형편임에도
잠시 30분이라도 빗질을 하면서 도우신다
추울 때는 따뜻한 커피와 녹차로
여름에는 시원한 쥬스로 봉사하기를 기뻐하는
집사님의 손길도 아름답다
꽃의 얼굴이 다르듯이 다 아름다운 보배들이다

모두 아름답게 섬기는 모습을 보면서
꽃처럼 아름다운 마음들을 나타낼 때
아, 그래서 꽃꽂이를 하는 달란트를
하나님께서 주셨구나 하고 느껴질 때가 많다
어찌 그리 보조를 잘하는지
그리고 늘 중심에서 중요한 일을 많이 하면서도
피곤하다 소리 한 번 안하고 멋지게 완성하는 것을 볼 때
말할 수 없이 고맙고 언제나 든든하다
한결같이 섬기는 자세가 얼마나 귀하고 아름다운지
부장인 나는 늘 고맙고 미안한 마음이다
성령의 교통하심과 더불어 서로 사랑으로 섬길 때
봉사의 보람과 의미를 느낄 수 있는 것이
얼마나 귀한 것인지 새삼 깨닫는다

하나님의 질서 안에서 자신의 위치를 잘 지키며
서로를 세워 주며 아껴 주고 칭찬하는 모습들 속에

주님을 닮아가려는 성도의 빛의 열매인
착함과 의로움과 진실함의 빛으로의 삶을 엿보게 된다
꽃이 저마다 개성이 있고 아름다움이 있듯이
각자 자기에게 맞는 디자인과 색깔로 모방할 수 없는
자신만의 것으로 최선을 다할 때
때로는 실수할 수가 있지만
하나님은 결과보다 과정을 보시고 중심을 보시니
감사함으로 만족한다
하나님은 오늘도 자비와 긍휼로 붙드심을 감사드리며
신실하며 정직하게 주어진 일에 충성할 때
또 힌길음 주님 가까이 길수 있음에 감사힐 뿐이다

올해는 평생에 한 번 오는 60주년 감사예배와 임직식이 있었다
60년 동안 세 분의 담임 목사님을 모시게 하시고
사랑의 본과 진리의 말씀과 생활의 실천으로
우리의 영혼을 살리시며 부요케 하신 은혜에
감격과 감사로 영광을 돌리게 하시며
사랑의 수고와 믿음의 역사와 소망의 인내로
희년의 기쁨을 누린 후 또 다시 10년에 이르도록
여기까지 인도하신 에벤에셀의 하나님께
감사할 조건이 많은 해이다

60주년은 가을의 여왕인 국화꽃으로
성전 입구에 60개의 국화 분으로
60주년의 글자를 장식할 수 있어서

60주년의 의미를 더 돋보이게 할 수 있었다
60주년 감사예배 꽃 장식 봉사에 임하면서
주께서 간절한 기도로 준비시키시며
은혜로 인도하시며 넘치지도 않고 모자람이 없도록
기쁨과 감사로 쓰임 받으며 행복할 수 있음에 감격스럽다
강단 꽃 장식으로 며칠동안 봉사한 집사님들
천국에서 받을 상이 클 것입니다

말씀이 선포되는 지성소의 봉사를 두렵고 떨림으로 감당하며
자원하는 심령으로 더 겸손히 봉사할 때
청지기의 사명을 잘 감당하리라 믿는다
주님께 잘했다 칭찬받는 주의 여종들이 되며
"구속받은 자로서의 은혜와 감사로
마땅히 해야 할 일을 한 것뿐임"을 고백할 때
하나님께 모든 영광을 돌려 드리며 성령의 기쁨을 체험하는
미화부의 봉사자들이 되기를 소망해 본다

2005년 10월 18일

# 성찬 3

예비하신 날에
성찬의 의미를 새롭게 부여하신 주님
오직 주의 은혜로 성찬을 받습니다
날 위해 찔리신 몸에서 물같이 쏟으신 보혈
그 귀한 보혈이 헛되지 않게 하소서
그 어떤 다른 방법으로는 죄 사할 길 없어
주님은 십자가의 길을 걸으셨습니다
십자가에서 흘리신 보혈의 능력이 나에게 능력이 되사
죄를 떠나 살게 하시며
이 성찬으로 나의 허물과 약한 것들을 보혈의 능력으로
고치시고 만드시고 새롭게 하소서

주의 은혜로 떡과 잔을 받습니다
감격의 뜨거운 눈물로
주의 사랑을 불 일듯 하게 하시며
회개의 영으로 죄 사함의 은총으로
새 생명을 허락하시고 평강을 주신
아버지 감사합니다

이제는 회개의 뜨거운 눈물과

은혜의 성찬이 헛되지 않게 하시고
강하고 담대한 믿음으로 허물과 약함을 이기게 하시고
사랑의 십자가를 지신
주님의 심장을 깊이 묵상하며
주의 사랑을 실천하게 하소서

다시는 옛 사람으로 되돌아가는 어리석음을
반복하지 않게 하시고
새롭게 되어 흔들리지 않는 믿음의 확신으로
말씀과 기도와 행함의 사람이 되게 하소서
광명의 천사로 다가오는 사탄의 유혹을 분별하여 이기게 하시고
깨어있는 실천하는 믿음으로 살게 하소서

상한 심령을 위로하시며 치료하사
사죄의 은총으로 평강과 기쁨을 허락하심을 감사합니다
이제는 보혈의 능력이 헛되지 않으며
성찬의 감격을 소멸치 않고 늘 깨어있도록
성령께서 도우시며 함께 하소서

"하나님의 뜻대로 하는 근심은 후회할 것이 없는
구원에 이르게 하는 회개를 이루는 것이요
보라 하나님의 뜻대로 하게 한 이 근심이 너희로
얼마나 간절하게 하며 얼마나 변명하게 하며,
얼마나 분하게 하며 얼마나 두렵게 하며,
얼마나 사모하게 하며 얼마나 열심 있게 하며
얼마나 벌하게 하였는가" (고린도후서 7:10-11)

말씀으로 회개의 영을 허락하시며
레마로 받을 수 있는 은혜로 기도와 간구에 응답하신
사랑의 주님, 감사합니다

2005년 12월 31일
송구영신예배 성찬식

## 사랑하는 아들아 2

사랑하는 아들 원국아
31번째 생일을 진심으로 축하한다
30년간 오랜 세월 동안 한번도 실망시킨 일도 없고
자신의 일을 알아서 잘 해 낸 원국아 대견하고 자랑스럽다

결혼도 직장도 잘 선택하여 걱정 시킨 일도 없고
착하고 예쁜 사랑하는 며느리 명희와 열심히 살아가는
너를 바라보는 엄마는 항상 하나님께 감사하며 보람을 느낀다
새롭게 선택한 직장에도 잘 적응하며
우수 사원으로 인정받음도 자랑스럽다

무엇보다 엄마는 우선순위를 하나님께 두며
교회 봉사에 힘쓰며 공적 예배에 소홀하지 않는
신앙생활을 잘하는 원국이가 되기를 기도한다
지금처럼 말이다

직장 생활은 누구보다 더 충실해야 하지만
피곤하다는 핑계로 교회 봉사에 게을러질까 염려도 되지만
너 하나님의 사람 원국아
심지가 견고한 너는 믿음생활에 소홀하지 않을 줄 믿는다

실적보다 우선해야 하는 것이
그리스도의 마음을 닮은 신실함과 정직이며 신의이다
혹 회사의 실적 때문에 아름다운 영혼을 때 묻게 하지는 말아라
모든 일의 결국은 하나님께서 하시므로 책임감은 가지되
작은 것에 감사하며 최소한의 기본은 지키기를 바란다
너를 믿기 때문에 잘하리라 믿지만 엄마의 노파심이다

늘 말씀을 묵상하며 성도의 경건을 잃지 않기를 바란다
힘들고 어려울 때도 하나님의 자녀의 본분을 잃지 않는
사랑하는 아들 원국이가 되기를 바란다
너와 함께하시는 하나님을 너무 멀리서 바라보는
일이 없기를 바란다

물질보다 중요하고 귀한 것이 얼마나 많이 있는지 모른다
돈은 쓸 수 있는 것만 자기 몫이다
언제나 너에게 복 주시는 분은 하나님이시다
만복의 근원이신 하나님만 의지하고 그를 기쁘시게 하여라

"나의 도움이 어디서 올꼬
나의 도움이 천지를 지으신 여호와에게서 로다"

사랑하는 아들아 시냇가에 심기운 무성한 푸른 나무처럼
주 안에서 늘 자랑스럽고 대견한 우리 아들 원국이가 되어라

2006년 5월 4일
31번째 생일날에 엄마가

## 겸손할 수 있다면

진실로 겸손한 자의 삶이고 싶습니다
내가 하고 싶은 것 다 할 수 있으며
내가 할 수 있는 것 능히 해 낼 수 있다 하여도
그것이 자랑이 되고 과시가 되어
그것 때문에 교만하게 된다면
내려놓고 포기하는 은혜를 주소서

주의 십자가 사랑으로 구속 받은 자의 은혜로
가장 귀하고 본질적인 것을 위해 사소한 것을 버리는
우선순위의 가치를 깨닫는 지혜를 주소서
신실한 믿음으로, 심령 가난한 영혼으로
의와 평강과 희락을 누리는
하늘의 신령한 은혜를 사모하게 하소서

나를 낮추기도 하시고 높이기도 하시는 주의 사랑으로 인하여
기쁘게 포기하게 하소서
감사히 내려놓게 하소서
자원하여 버리게 하소서
주님 가신 그곳 고난의 광야를 체험하기 위해
영혼의 자유와 기쁨을 위해

진실로 겸손한 자의 삶을 살기 위해
성 안에서의 누리는 모든 복을 내려놓게 하시고
성 밖 골고다의 언덕 사랑의 십자가가 있는
그곳으로 기쁘게 달려가게 하소서

이제는 자랑과 과시 인정받고 싶은 욕심과 교만
세상적인 모든 것을 내려놓게 하시고
주님 때문에 가장 귀한 옥합을 깨뜨리며
포기하고 내려놓는 겸손으로
사랑하는 내 주님 계신 그곳으로
기쁘게 기쁘게 달려가게 하소서

"이로써 그 보배롭고 지극히 큰 약속을 우리에게 주사
이 약속으로 말미암아 너희로 정욕을 인하여
세상에서 썩어질 것을 피하여
신의 성품에 참예하는 자가 되게 하려 하셨으니"
(베드로후서 1:4)

"그러므로 하나님의 능하신 손 아래서 겸손하라
때가 되면 너희를 높이시리라" (베드로전서 5:6)

2006년 8월

## 사랑하는 예원아

오랫동안 벼르던 휴가를 장남 이 목사 가정과
지난해 여름 제주도로 가게 되었다.
둘째의 가정은 결국 휴가 날짜를 맞추지 못하여
두 가정만 출발했다.
바다가 보이는 전망이 좋은 호텔에 도착해서 짐을 풀기 전에
할아버지가 도착 감사기도를 드리자며 "하나님 아버지" 하고
기도를 시작하는데 불쑥 손녀 예원이가
"예원이가 기도할 거예요." 하며 기도를 하겠다고 했다.
그래서 "도착 기도는 예원이가 합니다." 하며
모두들 머리를 숙였다.

"하나님, 감사합니다.
비행기 타고 제주도에 왔습니다.
비행기에서 구름도 봤습니다.
큰 것도 봤습니다.
하나님, 예원이가 엄마 말씀 잘 듣게 해 주세요.
할아버지, 할머니, 아빠, 엄마, 그리고 하진이 건강하게 해 주세요.
예원이도 쑥쑥 자라게 해 주세요.
예원이 사랑받게 해 주세요.
하진이도 말 잘 듣게 해주세요.

예수님 이름으로 기도드립니다." 아멘

평소에도 집에서 식사기도나 생일 등 특별한 날에는
자기가 기도를 하겠다고 하곤 했다.
어릴 때부터 신앙 교육이 얼마나 중요한지
39개월의 나이가 의아할 정도로 조리 있게 예쁜 목소리로
기도하는 것이 놀라웠다.
성령의 감동은 어린 예원이에게도
세밀하게 역사하심을 생각하며 놀랍기도 하지만
예원이를 통해서 기도할 수 있게 하신 하나님의 은혜가
참 감사했다.
기도 중간에 생각하느라 음~음~ 하기는 했지만
눈물이 나게 하는 기도였다.
우리들의 마음이 이렇게 기쁠진대 하나님의 마음은
얼마나 기쁘실까?
하나님, 감사합니다.
늘 예수님의 사랑받는 믿음이 좋은 예원이가 될 것을 소망하며
제주도의 일정은 예원이의 기도로 시작했다.

예원이는 여행 체질인가 처음 타 보는 비행기라
얼마나 좋아하는지
피곤한 것도 모르고 말도 잘 듣고 동생 하진이와
우리를 즐겁게 했다.
하진이는 13개월로 재롱도 부리며 제법 장난도 친다.
넘어져 다칠까 염려는 되지만 뒤뚱거리면서도

그래도 제법 잘 걷는다.
관광은 아이들이 좋아하는 곳을 중심으로 했으며
무더위에 고생은 했지만
가족이 함께 휴가를 갈 수 있음에 감사했다.
다음에는 둘째 가정도 함께 온 가족이 휴가갈 수 있는
기회가 되었으면 한다.
예원이는 사물을 보는 관찰력이 뛰어나다.
처음 타보는 비행기의 창밖으로 바다가 보일 때
"엄마! 구름이 물 속에 빠졌어요." 하며 구름을 보고
너무 좋아라했다.
그리고 순간순간 깜짝 놀랄 시적인 표현도 제법 한다.
올 여름 동해 바다에 갔을 때 백사장에서 뛰놀면서
파도치는 것을 보고는
"엄마! 파도가 이불 같네." 라고 해서 다시 한번
예원이의 감성이 아름다운 것을 발견하고 흐뭇했다.
훗날에 예원이가 성장하면서 신앙의 고민이 생길 때
할머니의 책 속에서 자기의 어릴 때의 기도문을 읽으며
더 큰 감동과 더 깊은 은혜의 자리에 들어가기를
소망하며 기도한다.
하나님의 딸로, 목사의 딸로,
신실한 믿음의 사람으로 성장할 것을 믿으며
책 속 한 페이지에 이 기도문을 실으며
할머니의 사랑을 표현해 본다.

2007년 9월

# 묵상(默想)의 숲에서 키운 기도의 나무

리강룡
(대구동부교회 장로/시인)

광야와 같은 세상에 와서 잠시 쉬어 가는 시간을 하나님과 동행하며 살게 됨은 평생 감사의 제목입니다. 하나님께서 우리를 세상에 보내실 때는 각 사람에게 독특한 탤런트를 주셨습니다. 노래하고 춤추고 학문 연구하고 사업 잘 하고…. 우리가 저마다의 독특한 탤런트를 누리지 못하는 것은 하나님께서 우리에게 주신 탤런트를 발견하지 못했을 뿐이라 생각합니다.

우리 교회의 최영희 권사가 첫 시집을 냅니다. 삶의 고비에서 만난 기쁨과 슬픔, 그리고 보람과 원(願)을 시의 행간(行間)에 심어 놓았습니다. 세상에서 삶의 길을 걸어오는 한편 천국을 향한 순례의 길을 가는 가운데, 시시로 받은 은혜를 묵상하며 키운 기도의 나무들입니다. 일반 시집의 수에 비하여 아직은 성시집(聖詩集)을 만나기가 쉽지 않은 시대를 살아가면서, 아름다운 성시집을 얻게 된 것을 기뻐하고 아울러 축하를 드리는 바입니다.

언단의장(言單意長)이란 말이 있듯이 시는 산문과 달리 짧은 형태 속에 긴 이야기를 담아야 합니다. 산문의 긴 문장을 적당히 길고 짧게 끊어서 행을 배열한다고 시가 되는 것이 아닙니다. 그래서 시의 독특한 표현법이 필요하게 되고, 그 작법(作法)에 대한 치열한 수련을 거친 뒤에야 비로소 좋은 시를 쓸 수 있게 되는 것입니다. 시가 독자에게 카타르시스를 주는 데는 여러 가지 요소가 복합적으로 작용하게 되지만 대체로 그 시인이 가진 심원(深遠)한 사상과 이를 형상화하기 위해 동원한 세련된 수사(修辭)에 있을 것입니다. 많은 시인들은 전자보다 후자를 위해 더 고민하고 있는 것을 볼 수가 있습니다. 어떻게 하면 기발하고 뛰어난 수사를 동원하여 독자에게 다가갈 수 있을 것인가에 초점을 맞추고 있는 것입니다. 그러나 그것은 잘못된 생각입니다. 그보다 훨씬 더 중요한 것은 시의 행간에 묻혀 있는 시인의 생각입니다. 그것이 얼마나 성실하고 순전하며 심원하냐에 보다 더 큰 무게가 실려 있는 것입니다.

　최영희 권사의 시를 읽으면서 형태와 내용 문제를 먼저 거론해 보는 것은 이 시집을 처음부터 끝까지 꿰뚫고 있는 시인으로서 생각의 순수함, 성도로서 하나님을 향한 간절함이 돋보였기 때문입니다. 제목을 뽑는 데서나, 행갈이와 연갈이, 수사의 묘 살리기 등에서 더러는 떫은맛을 그대로 지니고 있을지라도, 그것을 압도하고 있는 것은 시인의 마음속에 고인 하나님을 향한 확실한 믿음과 맑고 투명한 시 정신이 아름다웠기 때문입니다.

제가 바라고 원하는 것은
작은 소망에서 이루어지는

순수하고 소박한
마음이 가난한 행복입니다

제가 바라고 원하는 것은
온유함과 겸손함으로
주님을 깊이 묵상하며
주님을 닮아가는 것입니다

제가 바라고 원하는 것은
하늘에서 내리는 신령한 은혜로
성령의 열매를 맺으며
빛으로 소금으로 살아가는 것입니다
- 「소망1」 전문 -

　　보는 바와 같이 아무런 수사도 없습니다. 자신의 간절한 기도를 그냥 시의 행에 얹어 놓았습니다. 하나님은 과연 수사를 잘한 시는 받아 주시고 그렇지 않은 시는 받아 주지 않으실까요? 인간이 수사를 잘하면 과연 얼마나 잘 할 수가 있을까요? 중심을 보시는 하나님 앞에서 현란한 수사가 차지하는 자리는 과연 몇 ㎠나 될까요? 극도의 감격에 도달하면 언어 자체가 필요가 없게 되지 않습니까? 이 시를 지탱하고 있는 기둥은 각 연의 첫 행입니다. /제가 바라고 원하는 것은/ 이 세상의 많은 사람이 원하는 명예도 권세도 재산도 아닙니다. ① 가난한 마음 ② 주님 닮기 ③ 빛과 소금으로 살아가기입니다. 그러나 다시 생각하면 시인이 바라는 이 /소망/은 얻기가 결코 만만한 것이 아닙니다. 어쩌면 세상의 부귀공명을 얻기보다 더 어려운 /소망/입니다. 이 세 가지의 소망은 비단 최영희 시인만의 소망이 아닐 것입니다. 성도라면 누구나 바라고 원하는 소망일 것입니다. 문제는 많은 사람이 그렇게 원하면서도 나타내고 고백하지 않음에 반하여 시인은 문자를 통하여 만인 앞에 고백하고 있는 점입니다.

> 흙으로 빚은 오묘한 질그릇
> 유연한 손놀림으로
> 나를 나 되게 빚으시고 기뻐하신
> 창조주의 형상
> 금그릇 은그릇 아니라
> 비록 질그릇 같을지라도
> 귀히 쓰임 받는 깨끗한 그릇 되라 하셨네
> - 「질그릇」 1/3 -

그렇습니다. 우리 인간을 금과 은 같은 귀중한 재료로 빚지 않았습니다. 흙으로 빚은 질그릇입니다. 그렇다고 흙처럼 가치가 없도록 만든 것은 아닙니다. 흙으로 빚었으되 /창조주의 형상/을 닮게 만드신 /오묘한 질그릇/입니다. 이 질그릇이 /귀히 쓰임 받는 깨끗한 그릇/이 되자면 /십자가의 보혈로 날마다 정결케 씻/고, /견고한 믿음/을 회복해 나가야 합니다. 그렇게 하여야 /고난과 풀무 불의 연단과 시험/의 고개를 넘어 마침내 순례의 종착역에 도달할 수 있을 것입니다. '나'라는 질그릇이 깨어지지 않도록 /고치고 다듬고 성화되게/(「소망2」) 살아갈 일입니다.

다음으로 이 시집에는 장시(長詩)가 적지 않습니다. 「피로 값 주고 사신 이 집은」, 「병상 일기」, 「사랑하는 아들아」, 「강단 꽃 장식」, 「재활원을 찾아서」, 「부르심의 하나님」 외에도 몇 편이 더 있습니다.

> 여호와는 네 그늘이 되시나니
> 낮의 해가 너를 상치 아니하며
> 밤의 달도 너를 해치 아니하리로다
> 여호와께서 너를 지켜 모든 환난을 면케 하시며
> 또 네 영혼을 지키시리로다
> 여호와께서 너의 출입을
> 지금부터 영원까지 지키시리로다
> - 「사랑하는 아들아1」 1/13 -

13연으로 된 장시입니다. 시편 121편을 인용하면서 시를 시작하고 있습니다. 이 땅에 어느 어머니 치고 아들에 대한 사랑이 지극하지 않는 어머니가 있겠습니까? 그 중에서도 시인은 아들에 대한 절절한 사랑을 자신과 아들의 신앙에 비추어 시로 토로한 데서 그 의미가 남다르다 할 것입니다. 정전(停戰) 중이긴 하지만 평화의 시대! 무장공비와의 작전 지역에 아들을 보내 놓고 그의 안위(安危)를 걱정하며 눈물로 밤을 샌 어머니의 노심초사가 그림같이 나타나 있습니다. 그리고 작전이 종료되고 아들의 무사함에 대하여 감사와 함께 거기서 얻은 귀중한 깨달음이 보석처럼 빛나고 있습니다. 시가 무엇이던가? 시의 존재 의미가 무엇이던가? 읽는 이에게 쾌락(快樂)과 교시(敎示)

를 주기 위함이 아니던가? 이 시는 애틋한 아들에 대한 사랑과 걱정에서 느끼어 오는 비장미(悲壯美)와 함께 인생을 어떻게 살 것이냐 라는 물음에 대한 답을 주는 교시의 기능을 함께 수행하고 있습니다. 장시를 읽다 보면 흔히 주제가 헝클어진 것을 보기도 하는데 이 시는 조국과 아들에 대한 사랑이라는 확실한 주제를 끝까지 잘 끌어가고 있습니다.

이 시집에 실린 작품들은 완성한 연도로 보면 지금으로부터 근 30년 전의 것도 있습니다. 그저 최근에 열심히 써서 한 권의 시집을 내는 것이 아니라 오랜 기간 동안 써서 모아두고 읽고 또 읽으면서 갈무리해 온 것임을 알 수가 있습니다. 최영희 시인은 그 동안 헛되이 시간만 소비하며 살아온 것이 아닙니다. 살아온 세월만큼이나 가정에서 교회에서 수행해 온 일들 또한 적지 않습니다. 시간의 강을 노 저어 오는 동안 앳된 소녀의 모습에서 이제 가을 서리 속에 피는 황국 같은 원숙(圓熟)의 항구에 도달하기까지 상당한 시간의 흐름 속에서도 변하지 않은 것이 있음을 봅니다. 그것은 작품 속에서 읽히는 시인의 신앙입니다. 유년에서 청년기를 거쳐 장년기로 오는 동안 신앙의 폭과 깊이는 더 넓고 깊어졌지만 외풍 앞에서도 흔들리지 않는 한결같음을 읽을 수가 있다는 뜻입니다.

최영희 권사의 첫 시집 발간을 다시 한 번 축하하고, 이를 발판으로 삼아 주안에서 날마다 기쁨을 누리는 삶이 이어지기를 바라며, 앞으로 더욱 아름다운 시편들로 만인을 감동의 세계로 인도할 수 있는 귀한 권사가 되시기를 기도합니다.

## 책을 내면서

책을 내기 위해 쓴 글은 아니지만 지금까지 글을 쓰게 된 것이
하나님의 섭리임을 깨닫습니다.
감추고 싶은 부끄러운 부분도 있지만
율법의 정죄보다 십자가의 사랑과 은혜의 자유함이
더 큰 위로이기에 용기를 내어봅니다.
언제나 남편의 감싸주는 한결같은 사랑이 있었기에
여기까지 올 수 있었음을 부인할 수 없습니다.
늘 든든한 오른팔이 되어 준 사랑하는 남편이 한없이 고맙습니다.
그리고 언제나 성원해 준 두 아들과 며느리들, 동생 최 장로 내외에게
고마운 마음을 전합니다.
지금은 손녀, 손자 때문에 예전처럼 글 쓸 마음의 여유가 없지만
그 재롱에 피곤보다는 기쁨이 가득합니다.

조용히 묵상하고 있으면
잔잔한 주의 사랑이 전해오는 감동 속에
주님이 인도하셨음을 시간이 갈수록 분명히 깨닫고
할 말을 잃을 때가 있습니다.
분명 도구로 나를 사용하셨는데
질그릇같이 깨어지기 쉽고 상처를 잘 받는 부족한 나를
어찌 쓰셨는지

감히 영혼의 떨림은 표현할 수가 없습니다.

말씀이 살아 역사하는 사모하는 동부교회.
이 땅에 살아있을 동안 천국 가는 그날까지
내 영혼의 신령한 은혜로 안식하고 섬길 교회의
새 성전건축의 역사를
3년에 걸쳐서 받은 감동을 그때마다 소멸치 않고
성시로 쓰게 하신 은혜는
지금도 생각하면 감격스럽습니다.
아직도 연약하고 실수와 허물이 많이 있지만
심령이 가난한 자가 되기 위해
오늘도 뜨거운 눈물을 쏟으며 자신을 쳐 복종시켜 나가는 일은
저 영광의 곳 주님 뵈옵는 그날까지 계속될 것입니다.
말씀 준비에 바쁘신 중에서도
귀한 추천서를 써 주시고 출판사까지 추천해 주신
담임 목사님이신 김서택 목사님께 진심으로 감사를 드립니다.
그리고 서평의 글을 써 주신
시인 리강룡 장로님께도 진심으로 감사를 드립니다.
책이 나오기까지 여러모로 애쓰진
예영의 방현주 편집자님께 진심으로 고마움을 전합니다.
아울러 부족한 글을 흔쾌히 출판을 허락해 주신
김승태 대표님께 감사드립니다.
그리고 유안진 교수의 「지란지교」의 친구와 같은 친구들이
늘 격려로 용기를 주어 힘이 되었습니다.
여기까지 인도하신 에벤에셀의 하나님

지금까지 이 모든 것을 주께서 하셨음을 다시 한번 고백 드리며
주님께 감사로 모든 영광을 돌려드립니다.

2007년 8월
숲이 우거진 망우공원 옆에서